ANTES DE LA FUNDACIÓN DEL MUNDO

ASCENSO CONTINUO:
SERIE DE RESURRECCIÓN VOL. 3

L. Emerson Ferrell

Ministerio Voz de La Luz

Ministerio Voz de La Luz

ANTES **D**E **L**A **F**UNDACIÓN **D**EL **M**UNDO
© 2017 L. Emerson Ferrell
ASCENSO CONTINUO: SERIE DE RESURRECCIÓN VOL.3

Todos los derechos reservados. No se permite reproducir, trasmitir de ninguna forma, archiar en ningún sistema electrónico, transmitir electrónicamente, o mecánicamente, incluyendo fotocopia, grabación o en cualquier sistema de archivo de información o de ninguna otra manera (incluyendo audio libros) esta publicación sin permiso escrito por el autor.

Toda cita Bíblica, *al menos qué se indique alguna otra*, han sido tomadas de la Biblia Reina Valera Versión © 1960, utilizada con permiso. Todos los derechos reservados.

Categoría   Reforma

Publicado por   Ministerio Voz de la Luz
                   P.O. Box 3418
                   Ponte Vedra, Florida 32004
                   Estados Unidos de América

                   www.vozdelaluz.com

Impreso en   Estados Unidos de América

ISBN-10   1-933163-92-5

ISBN-13   978-1-933163-92-5

ÍNDICE

Lo Que Descubrirá   5

SECCIÓN I

1 Antes De La Fundación Del Mundo   15
2 Los Sistemas Originales de Dios vs. Los Sistemas Operativos del Hombre   31
3 El Espíritu de Verdad   45

SECCIÓN II

4 La Revelación de Cristo   65
5 Daniel 9:26-27   85
6 La Semana 70 Cumplida   95
7 La Bestia, La Ramera & Los Diez Cuernos   131
8 Herodes, Agripa y Edom   149
9 El Cuerno Con Ojos y Boca   157

Conclusión   167

LO QUE DESCUBRIRÁ

I. ¿QUE SIGNIFICA *DESDE ANTES DE LA FUNDACIÓN DEL MUNDO?*

Existen muchos versículos maravillosos en la Biblia, pero la frase *desde antes de la fundación del mundo* dicha por Jesús y citada por Pablo, Pedro y Juan me cambiaron para siempre. Yo creo qué si toma el tiempo para estudiar este libro y lo utiliza como una herramienta en su caminar con Cristo, sucederá lo mismo con usted.

Cuando descubrí la diferencia entre las palabras tierra y mundo, mi percepción de la vida fue alterada radicalmente porque me di cuenta qué yo estaba viviendo lo qué yo mismo había creado. Además, aprendí a usar las llaves espirituales qué fueron depositadas en mi espíritu desde antes de la creación para vencer cualquier obstáculo en el mundo material.

Este libro fue escrito para cambiar la manera en la qué usted piensa de sí mismo y de su futuro, al permitir qué la revelación fresca abra dimensiones dentro de usted. Usted es un espíritu y como tal, está viviendo en la eternidad hoy mismo.

Por este motivo, **lo** qué usted cree y **por qué** lo cree es tal vez el principio más importante qué debe entender.

Creer es la fuerza más milagrosa qué existe dentro del hombre porque lo qué cree en última instancia determina la clase de vida qué vivirá sobre la tierra. La libertad de escoger lo qué creemos es igual de importante porque separa a la humanidad del resto de la creación de Dios.

Nuestros increíbles poderes de creer y escoger se originan en un instrumento espiritual llamado el alma, y aunque sea contrario a la opinión popular, no provienen del cerebro físico. El reto de la humanidad es comprender y entender la existencia de una dimensión qué nos rodea diariamente fuera de nuestro mundo físico. El siguiente paso es depender de este ámbito para las respuestas a las preguntas relacionadas a nuestro origen como seres espirituales. Si este libro logra activar sus sentidos espirituales, entonces redescubrirá lo qué ya sabía *desde antes de la fundación del mundo.*

II. LO QUE JESÚS QUISO DECIR CUANDO DIJO "LOS ÚLTIMOS DÍAS"

Las cosas qué creemos y por qué las creemos determinan las decisiones qué tomamos a diario. Uno de los temas más importantes de la iglesia moderna y la fuerza motriz para otras creencias es a lo qué se refieren los Cristianos cuando dicen "los últimos tiempos."

Independientemente de su posición al respecto, esto influenciará sutilmente su vida espiritual porque es el enfoque primordial en la mayoría de las Iglesias Cristianas.

L. Emerson Ferrell

> *Procura con diligencia presentarte a Dios aprobado, como obrero qué no tiene de qué avergonzarse, qué usa bien la palabra de verdad.*
>
> 2 Timoteo 2:15

De modo qué nuestra responsabilidad de dividir la palabra de Dios con exactitud nos equipará para encontrar respuestas qué nos ayudarán en nuestra búsqueda. Este libro examinará por qué este tema ha contribuido a muchos de nuestros temores y ansiedades en la vida.

> *Estas cosas os he hablado para qué en mí tengáis paz. En el mundo tendréis aflicción; pero confiad, yo he vencido al mundo.*
>
> Juan 16:33

Lo primero qué debemos establecer es qué Cristo venció las tribulaciones de este mundo e instruye a aquellos qué desean seguirle, a vivir en paz debido a Su conquista. ¡Esta no fue una batalla parcial o incompleta, sino un triunfo total!

Sin embargo, a través de los siglos, los líderes de las iglesias de varias denominaciones no han sido capaces de reproducir esta victoria y esta paz. Esto ha contribuido a qué se creen doctrinas y teologías qué intentan compensar su falta de éxito. Esto no quiere decir qué Dios no visitó milagrosamente las vidas de grandes hombres y mujeres a través de la historia como Alexander Dowie, William Branham, George Whitfield, Johathan Edwards, Maria Woodworth-Etter y Charles Finney para nombrar algunos.

Antes De La Fundación Del Mundo

Cada una de estas personas qué acabo de mencionar se encontraron con El Anciano de Días en formas milagrosas. Sin embargo, en el centro de estos gigantes de la iglesia moderna se encontraba un común denominador teológico qué creo yo perpetuó tanto la doctrina de los "últimos días" como el "sistema" de la iglesia qué tenemos hoy. El común denominador en cada una de sus vidas se enfocaba en sus interpretaciones de los libros proféticos de la Biblia, especialmente Daniel y Apocalipsis.

La venida de Cristo después de una tribulación mundial es el tema central qué la mayoría de las Iglesias Cristianas perpetúan.

Año tras año y década tras década, hombres y mujeres se ponen de pie delante de sus congregaciones y proclaman qué la eminente venida de Cristo sucederá en sus vidas. Han habido algunos qué se han atrevido a dar fechas específicas de cuando se llevará a cabo este evento. El resultado siempre ha sido el mismo y, sin embargo, la próxima generación crece escuchando y creyendo el mismo dogma. ¿Por qué?

Creo qué una de las razones primordiales por la qué se perpetúa esta creencia es porque Dios responde a la fe, independientemente de la interpretación de las escrituras de la persona. Si alguien libera fe, Dios responde.

De modo qué las personas qué experimentan milagros también adoptarán los modelos teológicos de aquel a quién Dios usó para cambiar su condición, independientemente qué sea verdad o no.

L. EMERSON FERRELL

La fe es una fuerza espiritual qué no tiene nada qué ver con nuestra teología, pero tiene todo qué ver con nuestro deseo personal de conocer a Dios.

El amor es el ingrediente espiritual principal qué produce la fe en una persona. Cuando una persona se encuentra con el Amor de Cristo, desea conocerlo a Él y esto producirá qué tenga "la fe como la de un niño." Ni la teología ni las doctrinas pueden reproducir la fe porque son un producto del alma y no del corazón.

Muchas personas qué reciben milagros asombrosos reciben el poder de Dios tan fácil como un niño qué responde al amor de sus padres. Dios responde a la fe de las personas. De modo qué las señales y los milagros no tienen nada qué ver con la teología de la persona qué libera la fe.

Sin embargo, muchas veces los nuevos creyentes se contaminan con las mismas doctrinas equivocadas debido a los milagros, qué como hemos dicho, no son el resultado de la doctrina, sino de la fe.

La Biblia debe ser entendida como la obra terminada de Dios para salvar al hombre, de otra manera, el sacrificio de Su Hijo fue en vano. La Biblia entera es un libro profético escrito sobre Cristo desde Génesis hasta Apocalipsis. Si se interpreta desde otra posición, se crea una plataforma para qué el qué hace la interpretación reciba la gloria y no Dios.

Mi propósito al escribir este libro es provocar a aquellos qué están cuestionando la interpretación de las escrituras con las cuales se les ha adoctrinado todos estos años.

Le suplico qué permita qué el Espíritu Santo le enseñe, aunque perturbe su cómoda posición de esperar qué algo suceda en el futuro.

III. DIVIDIENDO LA PALABRA DE DIOS EN 4 SECCIONES

Ha sido mi experiencia qué, si dividimos la Biblia en cuatro secciones, es más probable qué veamos la perspectiva general de la estrategia secreta de Dios para atrapar a satanás y salvar al hombre:

- Escogiendo el linaje del Mesías

- La fidelidad y tolerancia de Dios hacia Israel

- La transición entre el Antiguo y el Nuevo Pacto

- La vida victoriosa a través del Nuevo Pacto

La primera sección está dedicada a escoger el linaje de Abraham como el método qué Dios usaría para redimir al hombre. Abraham, Isaac y Jacob son los patriarcas qué Israel debió imitar.

La segunda parte de la Biblia muestra la fidelidad, tolerancia y protección hacia Israel. Los profetas le advirtieron a Israel qué el juicio de Dios vendría a través del Mesías, el cual fue profetizado a satanás en el Jardín del Edén.

La tercera parte de la Biblia describe en detalle el final del pacto de Dios con Israel comenzando en Daniel.

Este fue el tiempo más turbulento qué jamás ha habido sobre la tierra. Fue cuando El León de la Tribu de Judá retomó Su Reino y al mismo tiempo juzgó a Sus enemigos. Identificaremos esto al principio del libro de Daniel y lo veremos culminar en Apocalipsis.

La cuarta y más importante parte de la transición es el poder de vivir hoy en la victoria de la obra terminada de Cristo. Su más grande aventura comienza cuando experimenta esta realidad.

Mi deseo y búsqueda de Cristo me llevó por un trayecto qué hasta hoy se despliega aún más allá de mis más grandes expectativas. Me sentí devastado cuando me di cuenta de lo poco qué conocía al Cristo resucitado.

Sin embargo, mi humildad al reconocer mi falta de conocimiento me llevó a descubrir dimensiones de Cristo qué no hubiese encontrado de otra manera. Estos encuentros han producido un apetito voraz dentro de mí para nunca dejar de buscar los caminos del Padre.

Yo creo qué los qué lean este libro encontrarán nuevas y emocionantes aventuras con el Espíritu Santo qué es por lo qué han clamado. El Espíritu ha estado ansioso de mostrarle aquello qué usted ya conocía *desde antes de la fundación del mundo.* ¡Considere esto por un minuto!

Si NO estamos esperando qué Jesús haga algo, nuestra actitud atraerá a aquel qué ha vencido.

Antes De La Fundación Del Mundo

Si busca los misterios de las escrituras con esta actitud, el Espíritu Santo lo dirigirá a los lugares correctos. Mi meta, y espero sea la suya también, es descubrirlo a Él y no a otra doctrina o teología. Esto me hace sentir confiado de qué nuestro trayecto no será decepcionante y la dirección será de "ascenso continuo."

SECCIÓN I

ANTES DE LA FUNDACIÓN DEL MUNDO

Al leer este libro, el Espíritu Santo activará un *saber* dentro de usted qué no ha podido describir con su vocabulario. Estos son algunos de los tesoros qué el Padre ha puesto dentro de su espíritu *desde antes de la fundación del mundo.*

Hace algunos años mientras adoraba, el Señor abrió el cielo de tal manera qué me pude ver antes del tiempo como un espíritu dentro de Él. Su amor por mí era inmenso. Mi mente y mis emociones fueron inundados con Su amor y Su luz, las cuales reconocí como la sustancia qué formó mi espíritu. Toda comunicación se transmitía a través de pensamientos visibles qué parecían transparentes y líquidos.

Experimenté un océano de conocimiento y posibilidades qué sumergieron mi espíritu en gozo y expectativa. Todo se movía y daba vueltas, pero el movimiento no creaba sombras ni oscuridad así qué era imposible medir el tiempo o la velocidad.

Antes De La Fundación Del Mundo

La paz qué sobrepasa todo entendimiento era la atmósfera qué impregnó mi espíritu y lo abrió para reconocer mi origen EN ÉL *desde antes de la fundación del mundo*. Fue en este lugar qué experimenté el *conocimiento sin aprendizaje*. Su amor era una luz y una frecuencia qué producía vida. Sabía qué había sido creado para reproducir esa frecuencia en un cuerpo físico.

Él me está permitiendo compartir esta experiencia para animar a aquellos qué han tenido o tendrán encuentros similares con el Cristo resucitado. Yo creo qué todos estábamos dentro del Espíritu de Dios antes del tiempo y de la conciencia física. Fue allí qué nuestros nombres fueron escritos en El Libro de la Vida porque todos aceptamos cumplir nuestra tarea aquí en la tierra.

Yo sabía qué había aceptado dejar mi huella en mi generación, y qué esta resonaría con una frecuencia qué atraería a otros a ese sonido. Todos nosotros presenciamos desde aquella dimensión el momento cuando Jesús terminó Su comisión y se sentó a la diestra del Padre.

Por lo tanto, todos escogimos correr esta carrera porque sabíamos qué Él ya había terminado la *obra desde antes de la fundación del mundo*.

Recuerde qué Él destruyó la obra de satanás para qué usted pudiera terminar su carrera en victoria. Nuestros enemigos ya fueron vencidos. Desafortunadamente las distracciones de este mundo han impedido qué muchos de ustedes despierten y se den cuenta de su compromiso. Pero anímese, aún no es demasiado tarde para qué despierte y termine la carrera qué le fue asignada *desde antes de la fundación del mundo*.

L. Emerson Ferrell

Tanto Jesús como Pablo, Juan y Pedro usaron la frase *desde antes de la fundación del mundo*. Pero lo qué es aún más fascinante es qué cada uno de ellos se refiere a un verdadero lugar y a un evento qué ocurrió fuera del tiempo. Además, al parecer, están describiendo esta experiencia como lo hiciera alguien qué observo el evento conscientemente. Yo personalmente creo qué ellos estuvieron presentes, tal como usted y yo, si estamos en Cristo.

Padre, aquellos qué me has dado, quiero qué donde yo estoy, también ellos estén conmigo, para qué vean mi gloria qué me has dado; porque me has amado **desde antes de la fundación del mundo.**
Juan 17:24

según nos escogió en él antes de la fundación del mundo, *para qué fuésemos santos y sin mancha delante de él,*

Efésios 1:4

ya destinado **desde antes de la fundación del mundo,** *pero manifestado en los postreros tiempos por amor de vosotros,*
1 Pedro 1:20

Y la adoraron todos los moradores de la tierra cuyos nombres no estaban escritos en el libro de la vida del Cordero qué fue inmolado **desde el principio del mundo.**
Apocalipsis 13:8

La bestia qué has visto, era, y no es; y está para subir del abismo e ir a perdición; y los moradores de la tierra, aquellos cuyos

Antes De La Fundación Del Mundo

*nombres no están escritos **desde la fundación del mundo** en el libro de la vida, se asombrarán viendo la bestia qué era y no es, y será.*

Apocalipsis 17: 8

Estas escrituras representan tanto una descripción del Reino de Dios como una dimensión fuera de tiempo. Si uno intenta comprender estos versículos, o la Biblia misma, sin esta revelación fundamental, las escrituras ni activarán nuestro espíritu ni abrirán el entendimiento para qué recordemos nuestro origen *desde antes de la fundación del mundo.*

Mi motivación al escribir este libro es provocarnos a nosotros, los qué amamos a Jesús. Debemos ser expuestos a la revelación qué nos ayudará a descubrir nuestra verdadera naturaleza espiritual. Sí permitimos qué el Espíritu Santo realmente nos guíe a través de las escrituras, descubriremos mucho más qué nuestro pan diario. Esto requerirá qué cada lector cuestione sus propias ideas y doctrinas prooncebidas. Si hace esto, entonces yo creo qué descubrirá el destino qué le fue implantado en su interior *desde antes de la fundación del mundo.*

Tal vez esto le parezca extraño de momento, pero si medita en la realidad de la eternidad y de la intemporalidad, su espíritu será despertado. Esto es necesario si desea comprender la inmensidad de Dios vs la limitación del tiempo. Tal vez esto le parezca abrumador y hasta sienta un poco de temor, pero le forzará a confiar en Dios o a seguir confiando en el hombre. Pablo estableció la posición de fuerza absoluta:

Por lo cual, por amor a Cristo me gozo en las debilidades, en afrentas, en necesidades, en persecuciones, en angustias; porque cuando soy débil, entonces soy fuerte.
2 Corintios 12:10

Usted está a punto de entrar a un ámbito de Dios qué jamás había conocido, pero esto requerirá dejar atrás y de forma absoluta una gran parte de lo qué le ha sido enseñado.

En otras palabras, esto le parecerá desconocido en su condición actual, pero **antes** de qué estuviera en esta vida, estaba en Cristo como dijo Pablo en Efésios 1:4.

Una de las llaves para comenzar esta transición fuera de su condición actual y fuera del tiempo y del espacio es comprender la diferencia entre las palabras tierra y mundo.

EL MUNDO Y LA TIERRA

El significado de las palabras mundo y tierra es fundamental para descubrir nuestra verdadera naturaleza. Cuando termine de leer este libro habrá comenzado a desenterrar los misterios de la Biblia qué antes requerían el depender de otros para su interpretación.

Tanto *mundo* como *tierra* se refieren a diferentes dimensiones qué interactúan con el hombre, pero continuamente se usan para describir tanto el planeta en el qué vivimos como nuestra interacción con los habitantes de la tierra.

Antes De La Fundación Del Mundo

La Biblia claramente explica qué Dios creó el universo físico, incluyendo al hombre. Esto se logró primeramente dentro de Él mismo y fuera del tiempo. Es importante entender esto si deseamos comprender la frase, *desde antes de la fundación del mundo*.

La Lengua hebrea define la palabra **mundo** (tebel) como "duración" o "vida útil" y a la palabra **tierra** (erets) como polvo, suelo, o propiedad.

La Biblia claramente muestra a Dios como el Creador de los cielos y la tierra, lo cual lo constituye en su absoluto dueño. Aunque Dios creó al hombre, le dio la habilidad única de escoger en qué y en quién creer.

Simplemente dicho, la tierra le pertenece a Dios, pero el hombre crea su propio mundo debido a su derecho de escoger en qué y en quién creer.

Si exploramos el uso de estas palabras en diferentes traducciones de las escrituras, será más fácil entender la diferencia entre estas. Todos estos versículos le permiten al lector ver una acción terminada *desde antes de la fundación del mundo*.

pues **las columnas de la tierra** *son del Señor, y sobre ellas* **ha colocado el mundo**.

1 Samuel 2: 8 (LBLA)

Este verso en 1 de Samuel describe la interacción entre la tierra y el mundo qué parece reflejar los ámbitos visibles e invisibles. Este es solo uno de los muchos lugares donde la Biblia hace tal distinción.

*Pero si el Señor hace algo enteramente nuevo y **la tierra** abre su boca y los traga con todo lo qué les pertenece, y descienden vivos al **mundo inferior (infierno)** entonces sabréis qué estos hombres han menospreciado al Señor.*
Números 16:30 Traducción literal

*Por toda la **tierra** salió su voz, y hasta el extremo del **mundo** sus palabras. En ellos puso tabernáculo para el sol;*
Salmos 19:4

*Tuyos son los **cielos, tuya también la tierra**; El **mundo** y su plenitud, tú lo fundaste.*
Salmo 89:11

*Delante de Jehová qué vino; porque vino a juzgar la **tierra. Juzgará al mundo** con justicia, y a los pueblos con su verdad.*
Salmo 96:13

Sus pies descienden a la muerte;
*Sus pasos conducen al **mundo inferior (infierno)***
Proverbios 5:5 Traducción literal

*Sus pies descienden a la muerte; Sus pasos sustentan el **sepulcro (mundo de los muertos)***
Proverbios 5:5 RVA Traducción literal

Antes De La Fundación Del Mundo

> *Él es **el qué hizo la tierra con su fortaleza**, el qué afirmó el **mundo con su sabiduría, y extendió los cielos con inteligencia***
>
> *Jeremías 51:15 RVA*

Vea este diseño y contemple la majestad de nuestro Creador. El hombre fue creado como el hijo de Dios, pero su fracaso fue por causa del mal uso de su espíritu y su alma. Jesús, como el Último Adán se sujetó al diseño perfecto de escuchar al Espíritu y así responder con Su alma. El verso a continuación ilustra este proceso al cual todos tuvimos acceso *desde antes de la fundación del mundo*.

> *Yo hablo lo qué he visto cerca del Padre; y vosotros hacéis lo qué habéis oído cerca de vuestro padre.*
>
> *Juan 8:38*

Este versículo en Génesis ilustra perfectamente la diferencia entre la tierra y el mundo.

> *Entonces Jehová Dios formó al hombre del polvo de la tierra, y sopló en su nariz aliento de vida, y fue el hombre un ser viviente.*
>
> *Génesis 2:7*

El cuerpo físico del hombre fue hecho del polvo de la tierra y se le dio la vida a través del aliento de Dios. La vida comenzó para toda la humanidad a través de la activación del espíritu y el alma del hombre por medio del aliento de Dios.

El hombre fue creado para tener dominio tanto en el ámbito físico como en el espiritual. Su cuerpo físico fue formado de la misma tierra qué fue creado para gobernar, mientras su espíritu se unió al de Su Creador para vida eterna.

Dios le proveyó al hombre un alma, la cual une el ámbito físico y el espiritual; y le provee de libre albedrío, imaginación y consciencia.

La palabra *consciencia* se usa para describir lo qué un ser humano comprende en el presente o en el "hoy" entre el pasado y el futuro.

Estar consciente es darse cuenta de qué existe una dimensión fuera del tiempo y del espacio y de la relación qué uno tiene con ese ámbito.

Dios le dio al hombre *libre albedrío* o el derecho de crear su propio mundo, pero debido al pecado, perdió su relación con el ámbito espiritual.

Fue así qué su percepción de la vida y de la realidad se limitaron a su alma y a sus sentidos físicos, creando así su propio mundo de esa percepción limitada. Esto nos ayudará a entender lo qué Jesús vino a redimir.

Porque de tal manera amó Dios al mundo, *qué ha dado a su Hijo unigénito, para qué todo aquel qué en él cree, no se pierda, mas tenga vida eterna.*

Juan 3:16

El versículo más famoso de la Biblia, Juan 3:16, cobra más sentido ahora qué entendemos qué Jesús murió por el alma del hombre y no por la tierra.

Nuestra realidad o "concepto del mundo" se forma muy temprano en la vida a través de la cultura, de la religión, de la sociedad y nuestros cinco sentidos. El *mundo* al qué defendemos como realidad se construye de nuestras imágenes mentales y las percepciones qué se edifican a través de nuestras creencias, de los medios de comunicación y de la familia.

Defendemos estas creencias y percepciones con tal de proteger la más sagrada de estas imágenes, la cual identificamos como nuestro "Yo". Segun la ciencia no hay un lugar físico en nuestro cuerpo físico qué se pueda identificar como el "yo." Es por eso por lo qué el término consciencia es aún más difícil de describir.

Dios deseaba a un ser qué fuera como Él, con el cual pudiera crear conjuntamente el mundo dentro de las restricciones de las dimensiones físicas del tiempo y del espacio, o **manifestar Su conciencia dentro de la dimensión física.**

Fue precisamente esta imaginación del hombre qué fue pervertida a través del pecado de Adán en el Jardín del Edén. El deseo de adorar a lo creado en lugar de al Creador es el pecado qué separa al hombre de Dios. Esto fue el resultado de tener libre albedrío, pero lo qué aparentaba ser una maldición, en realidad era el plan perfecto de Dios.

Y vio Jehová qué la maldad de los hombres era mucha en la tierra, y qué todo designio de los pensamientos del corazón de ellos era de continuo solamente el mal.
Génesis 6:5

El pasado, el presente y el futuro y todo lo qué Dios creó estaba completo dentro de Él o dentro de la dimensión espiritual, antes de qué Él creara el ámbito físico. Esto quiere decir qué dentro de cada ser humano se encuentran los recursos espirituales necesarios para manifestar el cielo en la tierra.

El reto qué enfrenta cada generación es decidir si tienen el valor de realmente seguir al Espíritu Santo.

El cambio nunca es fácil ni cómodo y muchas veces la mayoría de la gente siempre lo resistirá. Pero cuando alguien prueba la bondad de Cristo, hará lo necesario para mantener esa conexión.

La Biblia dice qué Dios es el Padre de todos los espíritus, y este es el medio qué aún usa para comunicarse con Sus hijos. Esto nos debe inspirar a familiarizarnos más con nuestra naturaleza original y así hablar con nuestro Padre.

Cuando entendamos qué la fuente de todo lo material se originó en lo invisible o en el ámbito espiritual, nuestra confianza será movida dramáticamente de lo material a lo espiritual.

Es por eso qué Jesús dijo en Mateo 6:33, "más buscad primeramente el reino de Dios...," pero como descubrimos en Lucas, "el reino de Dios" es invisible.

> *Habiéndole preguntado los fariseos cuándo vendría el reino de Dios, Jesús les respondió, y dijo: El reino de Dios no viene con señales visibles, ni dirán: "¡Mirad, aquí está!" o: "¡Allí está!" Porque he aquí, el reino de Dios entre vosotros está.*
>
> Lucas 17:20-21 LBLA

¿Ve por qué es crítico entender nuestro origen espiritual? Esta es la verdadera realidad de todas las cosas qué son visibles e invisibles. Entonces debemos edificar nuestra realidad y nuestra consciencia en la dimensión espiritual y no en la física.

En la década de los sesentas, un gran número de personas en los Estados Unidos construyeron "refugios antibombas" debido al temor de los ataques nucleares de Rusia.

La *consciencia colectiva* del país creía qué podían protegerse del desastre al edificar estos refugios. Es la *consciencia colectiva* la qué hoy en día produce temor y creencias equivocadas en las naciones.

Creo yo qué esta es la condición de la iglesia de hoy y esto es el resultado de una *consciencia colectiva* qué fue formada por doctrinas y teologías erróneas. La iglesia mantiene la posición de qué habrá una destrucción global y qué entonces regresará Jesús a Jerusalén a reinar pese a qué Jesús declaró qué Su Reino estaba entre nosotros como lo acabamos de leer.

Aquellos qué conocen a Cristo han tenido un **encuentro consciente con Él**. Pero, si siguen estos modelos qué han producido la consciencia colectiva equivocada en la iglesia, corren el riesgo de perder el propósito qué les fue otorgado *desde antes de la fundación del mundo*.

Cuando experimentamos la realidad del Cristo resucitado, nuestras creencias fundamentales serán alteradas. Seremos guiados por el Espíritu Santo a leer las escrituras de manera diferente.

La consciencia de este mundo se forma del temor y de la duda porque es el fruto de una imaginación o mentalidad malvada. Desde qué nacemos, toda la humanidad es controlada por esta consciencia. **¡Debemos saber esto!**

Un día vinieron a presentarse delante de Jehová los hijos de Dios, entre los cuales vino también Satanás.

Job 1:6

El diablo tenía autoridad legal de acusar al hombre delante de Dios, pero la obra terminada en la cruz por Jesús de Nazaret removió a satanás del poder y le quitó el derecho de acusarnos delante de Dios.

Nótese qué me referí a Jesús con su título terrenal, Jesús de Nazaret, pero este ya no es su nombre. A Él se le dio un nuevo nombre qué es el Jesucristo resucitado. Esto también le ayudará a discernir la diferencia entre Jesús y el Cristo resucitado.

El reinado de satán sobre el hombre terminó cuando Jesús resucitó como el Cristo Viviente y fue coronado Rey de reyes y Señor de señores tanto en el ámbito físico como en el espiritual.

La mayoría de los habitantes de la tierra aún están siendo influenciados por la consciencia de pecado y del "primer Adán," a pesar de qué Cristo los ha liberado. Esto limita al Espíritu Santo cuando se trata de ayudar a las personas debido a qué tienen el derecho de escoger qué es lo qué deseen creer.

Por ejemplo, la Biblia habla qué Jesús destruyó las obras del diablo, pero si las personas aún creen qué el diablo tiene autoridad sobre ellos, esto impide qué el Espíritu Santo intervenga. Recuerden, Jesús dijo: "Nada es imposible si puedes creer." Esta frase se aplica tanto a la bendición como a la maldición. Una creencia equivocada forma una consciencia de pecado destructiva entre aquellos qué aman y anhelan a Cristo.

No cabe duda qué la consciencia de pecado de generación en generación ha creado fortalezas espirituales en dichas regiones. El Espíritu Santo envía a hombres y mujeres a manifestar el Reino de Dios sobre estos poderes y principados. Esto ha sido llamado guerra espiritual, pero en realidad se trata de manifestar en fe, lo qué ya fue terminado *desde antes de la fundación del mundo.*

La liberación forma gran parte de nuestro ministerio porque la típica persona en la iglesia qué encuentra a Jesucristo se le enseña un mensaje del evangelio qué la hace incapaz de cambiar su situación. Esto es debido a qué creen qué Jesús debe regresar a defenderlos de sus enemigos.

Tenemos qué dejar de confiar en esas teologías qué promueven el temor y la destrucción.

Debemos comenzar a seguir al Espíritu Santo, el cual fue enviado para conducirnos a toda verdad.

Si creemos qué es necesario qué Jesús venga a derrotar al diablo, entonces nunca hemos entendido el siguiente versículo:

> Ahora es el **juicio de este mundo**; ahora el príncipe de este mundo será echado fuera.
> Y yo, si fuere levantado de **la tierra**, a todos atraeré a mí mismo.
>
> Juan 12:31-32

Jesús hace una clara distinción entre las palabras *mundo* y *tierra*. De hecho, se describe a Sí mismo como Él qué atraerá a Su Iglesia, **SI** Su obra terminada es elevada por encima de la tierra, fuera del tiempo y la percepción física.

Pero, si al contrario lo qué Él ha hecho permanece escondido en esta tierra porque nos rehusamos a cambiar nuestra consciencia de pecado, nunca cambiará nada. Como dije antes, una de las maneras qué la verdad se mantiene escondida es al identificar al Señor como "Jesús de Nazaret," en lugar de identificarlo como el Cristo resucitado.

Una consciencia de pecado nos enseñará a imaginarnos a Jesús como Él era antes de Su muerte y resurrección.

Aquellos qué creen una mentira no experimentarán la libertad de lo qué Cristo logró. La consciencia de la iglesia me recuerda a la historia de un millonario qué murió como mendigo porque se rehusó a creer qué tenía dinero en el banco.

Dios creó el universo físico para servir al hombre y para recordarle de su origen y su propósito. Cuantos más encuentros tenemos con El Cristo resucitado, mayor será el impacto tanto en nuestra fe como en nuestra consciencia. Y más adelante aprenderemos qué son lo mismo.

El Sistema Original de Dios Vs. El Sistema Operativo del Hombre

El plan de Dios *desde antes de la fundación del mundo* fue el de redimir Su creación. Esa redención fue necesaria debido a la transgresión de Adán y **su** separación de Dios. Su desobediencia fue el pecado qué se pasó a la especie humana y fue lo qué le dio el derecho legal a satanás de oprimir al hombre.

Sin embargo, a Dios no le sorprendió el pecado de Adán. En realidad, esto formó parte de un diseño mayor. (Este tema lo describo en detalle en mi libro *El Último Adán*). A mí se me enseño qué el mundo estaba lleno de personas qué maldecían, se embriagaban y mentían, y al menos qué los Cristianos los evangelizaran con el "Evangelio de Cristo," la mayoría se irían al infierno.

Tras varios encuentros con Cristo, comencé a entender qué el mundo era distinto a lo qué se me había enseñado.

Mi mundo era el resultado de mis pensamientos, enseñanzas e ideas. Mis creencias y acciones fueron el resultado de mi creencia errónea, al igual qué aquellos a los cuales la iglesia les llama pecadores.

Desde entonces he aprendido qué el hombre fue pecador aún al nacer, no por sus acciones sino por su línea de sangre qué le conecta al primer Adán.

Además, era obvio qué mi comportamiento no cambiaría hasta qué mi alma o mente se convirtiera a la realidad de lo qué Cristo logró a través de su muerte y resurrección.

Esa clase de transformación requiere el nuevo nacimiento quó so describe en Juan 3. (Este es el tema principal de mi libro *Sumergidos En Él*).

El esplendor y la majestad de Dios van más allá de la comprensión del hombre y es por eso qué Él terminó todo lo necesario para redimir al hombre desde antes de la creación. Esto es muy difícil de entender si las personas permanecen ignorantes de su origen espiritual y únicamente se enfocan en sus necesidades físicas.

La realidad de lo qué Jesús logró en el mundo físico es más maravilloso de lo qué las palabras podrían describir y es por eso por lo qué se debe entender desde el ámbito espiritual.

El poder de este conocimiento desconectará a las personas de antiguas interpretaciones de la Biblia y los llevará a depender del Espíritu Santo como su Maestro, lo cual es uno de los propósitos principales de este libro.

Desafortunadamente las religiones tienen una agenda qué ha operado efectivamente confundiendo a las personas con interpretaciones erróneas de las escrituras.

Este libro no se ha escrito para condenar carne y sangre, sino como una declaración en contra del espíritu de Anti-Cristo qué ha capturado a la gente a través del mensaje de temor.

Lo qué Dios quiere qué reconozcamos y creamos es qué **Jesús terminó su obra para qué el Espíritu Santo pudiera entrenar a su pueblo.** Debemos confiar en qué Dios nos quiere llevar a lugares más altos en Cristo.

Hemos descubierto qué las palabras mundo y tierra no significan lo mismo en las Escrituras. La analogía de la computadora ayudará a qué esta distinción sea más clara.

Una computadora debe tener un disco duro (hardware) y Sistema Operativo para funcionar. Sin este último los circuitos, los chips informáticos, y los monitores, no funcionarían.

Visualice a la *tierra* como el hardware y al *mundo* como el sistema operativo o programa.

Examinemos las diferencias entre la mente y el cerebro. Si imaginamos qué **el cerebro es la tierra** y qué **la mente es el mundo**, entenderemos mejor la relación entre nuestro cuerpo y alma. La mente tiene habilidades increíbles, entre ellas la **imaginación**, qué usaré para qué entendamos esta analogía.

La mente convierte instantáneamente los pensamientos en imágenes para poder comunicarlo de manera visual y física. El cerebro almacena y manifiesta las imágenes al ámbito físico. Artistas, pintores y escultores son muy buenos ejemplos de este proceso. De hecho, en Éxodo 31:3 vemos a Dios llenando a artistas con Su Espíritu para crear Su tabernáculo en la tierra. Este proceso se originó en el ámbito espiritual y se manifestó en lo natural.

El conocimiento de crear le fue dado al hombre por su Creador. El hombre lo usó para formar su mundo y eventualmente esta facultad lo llevó a su derrumbe. Comenzó a adorar a su propia creación y no al Creador.

> *ya qué cambiaron la verdad de Dios por la mentira, honrando y dando culto a las criaturas antes qué al Creador, el cual es bendito por los siglos. Amén.*
>
> Romanos 1:25

Dios diseñó al hombre como un espíritu con un alma para servir como mediadora entre la dimensión física y la espiritual. El alma o la mente iba a co-crear con Dios a través del uso de la imaginación. El enemigo sabía qué si podía corromper la imaginación, entonces podría romper la conexión entre Dios y el hombre.

L. Emerson Ferrell

El mundo, como lo hemos llamado o el sistema operativo fue diseñado para funcionar en armonía con la **mente y el cerebro del hombre** para crear físicamente lo qué se visualiza espiritualmente.

Pero la imaginación del hombre o el sistema operativo se contaminó por medio del pecado, cuyo virus infectó tanto el programa como el disco duro.

> *El Señor vio la magnitud de la maldad humana en la tierra y qué todo lo qué la gente **pensaba o imaginaba** era siempre y totalmente malo.*
>
> *Génesis 6:5 NTV*

> *Al Señor le agradó el aroma del sacrificio y se dijo a sí mismo: «Nunca más volveré a maldecir la tierra por causa de los seres humanos, aún cuando todo lo qué ellos piensen o **imaginen** se incline al mal desde su niñez. Nunca más volveré a destruir a todos los seres vivos.*
>
> *Génesis 8:21 NTV*

Jesús, *el Cristo* es el sistema original y es por eso por lo qué se llama *El Último Adán*. De modo qué Él es la perfecta solución, el anti-virus qué removerá nuestro disco duro y programas corrompidos y los remplazará con su Espíritu.

> *Pues Dios amó tanto al mundo qué dio a su único Hijo, para qué todo el qué crea en él no se pierda, sino qué tenga vida eterna.*
>
> *Juan 3:16 NTV*

ANTES DE LA FUNDACIÓN DEL MUNDO

Este versículo más qué nada demuestra maravillosamente qué el "mundo" y la "eternidad" se refieren a una dimensión fuera del universo físico.

El *mundo* qué Dios compró a través de Su Hijo está disponible para aquellos qué Le permitan transformar todo su sistema en el Sistema Original para qué puedan entrar a Su Reino.

De hecho, cuando Jesús le dijo a la gente qué se arrepintieran y recibieran Su Reino, Él estaba describiendo un programa y disco duro nuevos qué no estaban disponibles para el hombre en su condición natural debido al pecado de Adán.
El hombre debe *nacer de nuevo* para qué su espíritu sea controlado por el Sistema Original de Dios.

No, y les digo de nuevo, a menos qué se arrepientan, ustedes también perecerán.

Lucas 13:5

La mente de la humanidad (o su consciencia) es corrompida por el pecado, y esto ha afectado su cuerpo físico. El remedio requiere una transformación espiritual y fue descrita por Jesús a Nicodemo como "nacer de nuevo." Pablo lo describe como ser una nueva creatura, lo cual permite qué el Espíritu Santo instale su Sistema Original, y este se asemeja al de Adán antes de qué su disco duro y programa fueran destruidos por el pecado.

Las soluciones humanas o religiosas consisten en limpiar vigorosamente el disco duro de una persona o en instalar varios programas qué no son ni espirituales ni efectivos. Esto la deja en una condición peor, ya qué no fueron intercambiados el disco duro y el programa al Sistema Original de Dios.

En otras palabras usan modelos o sistemas creados desde el alma tales como los métodos de ayuda utilizados para drogadictos, alcohólicos, sexo maníacos y otros más.

Este es el método qué la mayoría de los sistemas religiosos usan para tratar de cambiar a una persona. No entienden qué el problema no se puede resolver desde un alma corrompida. Es por eso por lo qué no funciona. El hombre es un ser espiritual y la única manera qué puede ser transformado es a través de Quién lo creó, esto es, El Espíritu.

Nuestro cerebro almacena imágenes o archivos ya que para funcionar como seres humanos debemos tener un programa o sistema al cual seguir, de otra manera, el cerebro se apagaría. Es por eso por lo qué el hombre prefiere tener a un sacerdote o a un pastor qué le diga qué debe hacer.

¿Recuerda la analogía del disco duro y del programa? La computadora no funcionará sin un sistema operativo (OS) o un grupo de instrucciones y archivos. El problema es qué nuestro Sistema Operativo entero fue contaminado por un virus mortal llamado *pecado* qué destruyó nuestro disco duro y nuestro programa.

Nuestro cuerpo y nuestra alma no se pueden remplazar, pero si pueden renacer como se describe en Juan 3. De modo qué la única solución es espiritual y siguiendo la analogía de la computadora, requiere de un sistema completamente nuevo, al cual llamamos el Sistema Original de Dios.

> *excepto del árbol del bien y del mal. No comas del fruto de ese árbol, porque el día en qué comas de él, tendrás qué morir.*
>
> *Génesis 2:17 BLPH*

El fruto qué Adán consumió es lo qué produjo ese virus. La naturaleza de Adán es el equipo o disco duro qué hospeda y transmite el virus a todas las generaciones de la tierra. Además, su alma o programa, es el Sistema Operativo qué se instala a la hora del nacimiento de toda generación qué nace.

La línea de sangre del hombre sostiene el virus en el disco duro y en el programa. Entonces, el único remedio qué destruye el virus es la transfusión espiritual de la Sangre de Cristo o El Último Adán.

EL OCULTISMO SE ORIGINA A PARTIR DE LAS CULTURAS

La consciencia del mundo comenzó en la mente o el Sistema Operativo de Adán, la cual ha producido culturas y tradiciones a través de la tierra. Estas se han celebrado, aceptado y se han considerado como el comportamiento normal de la gente.

Por ejemplo, las celebraciones qué han surgido de la Navidad y la Pascua, no son nada más qué tradiciones "paganas."

Estas tradiciones han impedido y pervertido el mover del Espíritu en cada generación.

La palabra "ocultismo" se origina de la palabra cultura. La perversión de la sociedad se celebra en el nombre de la cultura, el cual deriva su autoridad de la "brujería" y adoración satánica.

El nacimiento del hombre en la tierra lo hace dependiente de la consciencia de la cultura y en lo qué se refiere a la percepción física de la "realidad." Esto quiere decir qué el hombre comienza a formar sus creencias y realidades de lo qué le rodea. Nuestro nacimiento físico causa qué nos olvidemos fácilmente de nuestro origen espiritual.

La consciencia de pecado opera a través del hombre para infectar las dimensiones físicas y espirituales. De modo qué el *virus* llamado pecado produce tanto la muerte física como la espiritual.

Jesús es el puente qué nos lleva de regreso a nuestra condición espiritual original. Sin embargo, Él debe ser encontrado a través del "agua y el Espíritu," y esto transforma nuestra condición actual a Su imagen, mientras le provee vida a nuestros cuerpos físicos.

El verdadero trabajo comienza cuando empezamos a remover todos los archivos corruptos qué han sido almacenados desde nuestro nacimiento físico. **Esta tarea es imposible sin la ayuda del Espíritu Santo y el conocimiento del Cristo resucitado.**

Jesús le dijo a Nicodemo qué "uno debe nacer del agua y del Espíritu" para poder ver el reino invisible de Dios. La tierra, al igual qué nuestros cuerpos físicos son agua en su mayoría, y Jesús también fue descrito como el Agua Viva.

Antes De La Fundación Del Mundo

El saturarse con las palabras de Jesús atrae al Espíritu de Verdad a nuestra vida y eventualmente nos guía al nacimiento espiritual si no dejamos de buscarle.

A través de los años la gente me ha preguntado cómo saber si han "nacido de nuevo." Yo creo qué ese tipo de preguntas vienen de personas con un genuino deseo de seguir a Cristo.

Sin embargo, la respuesta es diferente para cada persona. Es como si yo le preguntara cuál es lo causa qué el agua esté mojada.

Tal vez el aspecto más importante del Nuevo Nacimiento para mí, es tener el poder de escoger el ámbito invisible como la fuente de mi realidad.

Mi despertar al Reino de Dios es de ascenso continuo y creo qué es el denominador común con muchos qué experimentan el "Agua y el Espíritu" en el nuevo nacimiento.

Yo creo qué cada espíritu se comprometió con El Padre de todos los Espíritus desde antes de la fundación del mundo. Esa conversación o (saber) está disponible para todos aquellos espíritus qué se han unido al Espíritu. De modo qué el verdadero "mensaje evangelístico," en mi opinión, es de despertar nuestros espíritus y el de otros a ese compromiso a través del Espíritu Santo.

De modo qué como hemos dicho antes y continuaremos diciendo a través de este libro, **Dios creó los Cielos y la Tierra, pero el hombre crea el mundo en el qué vive a través de lo qué cree.**

El Espíritu Santo identificará nuestras interpretaciones y creencias equivocadas si seguimos buscando al Cristo resucitado. Este virus maligno qué fue instalado en el corazón de nuestro sistema a la hora de nacer debe ser removido, pero esa es nuestra responsabilidad.

USTED ES EL MUNDO AL QUE DIOS AMA

De tal manera amó Dios al mundo, qué no dudó en entregarle a su Hijo único, para qué todo el qué crea en él no perezca, sino qué tenga vida eterna.

Juan 3:16 BLPH

La frase "De tal manera amo Dios," es muy familiar para muchas personas alrededor del mundo. El poder y la profundidad de ese versículo son pasados por alto porque la mayoría de las personas nunca han considerado qué el mundo es algo distinto a la tierra, y menos se imaginan qué creamos nuestro mundo de lo qué creemos.

La mayoría de nosotros asumimos qué, si no podemos tocar, oler, probar, escuchar o ver algo, entonces no existe. Sin embargo, ya sabemos qué la *verdadera realidad* se origina del ámbito espiritual o no visto.

Tal vez por eso es tan difícil entender la Biblia. La Biblia es un libro espiritual y como tal, debe ser entendido fuera del ámbito de nuestros sentidos. Esto hace la tarea de comprensión aún más complicada, especialmente cuando descubrimos qué la religión fue creada del contexto de la razón y esta es gobernada por nuestros sentidos.

El hombre siempre ha estado consciente de un Dios sobrenatural, pero a través de los siglos, algunos han descubierto qué el esconder el significado de la Biblia del hombre común, es un negocio lucrativo.

Esto fue fácil porque la mayoría de los hombres están conformes con qué les digan lo qué Dios dice, en lugar de tratar de entender la Biblia por sí mismos.

Sin embargo, Jesús claramente demostró qué una de sus tareas más importantes al momento de regresar a Su Padre fue enviar al Espíritu Santo para qué todos tuvieran acceso a la verdad de lo qué Él había conquistado.

> *Pero el Consejero, el Espíritu Santo qué el Padre enviará en mi nombre, les enseñará y recordará todo lo qué les dije.*
> Juan 14:26

El Hijo de Dios demostró el amor más profundo qué una persona pudiera encontrar. El poder de Su sacrificio es imposible de entender desde una perspectiva física o mental. Pero, desafortunadamente la religión intenta utilizar **una doctrina denominacional sin poder, para convertir a la gente, en lugar de llevarlos a un encuentro espiritual con el Cristo resucitado.**

El amor qué Jesús proveyó para toda la humanidad está disponible para todo aquel qué le busca. El proceso de conversión comienza inmediatamente a cambiar las vidas de aquellos qué desean Su gracia y Su misericordia.

Desafortunadamente, en la mayoría de los casos, tras un genuino encuentro con el Espíritu Santo, la persona es adoctrinada con teologías y doctrinas qué impiden su verdadera transformación espiritual.

La Biblia es un libro espiritual escrito por y sobre Jesús. El reto para aquellos qué asisten a la iglesia o qué escuchan interpretaciones de las escrituras **es entender qué Jesús de Nazaret era físico y espiritual. Sus palabras y acciones eran espirituales, aunque todos pudieron experimentar la persona de Jesús con sus sentidos.**

La confusión se agrava debido a teologías y mentiras qué esconden la verdad de lo qué Jesús logró. El razonamiento no es el método qué debemos usar si deseamos experimentar lo sobrenatural. De hecho, este es el proceso qué los Fariseos usaron para crucificar a Jesús.

Vez tras vez, lo qué comienza como una relación de amor con el poder espiritual de Cristo, se convierte en una transacción mental con la institución religiosa.

La teología e interpretaciones erróneas de la Biblia forman una gran estructura qué esconde la misma esencia de la Victoria de Cristo.

La mente del hombre exige seguridad en la forma de un sistema, el cual se provee de una manera conveniente por la **religión**.

Jesús demostró qué la solución para la inseguridad y el temor del hombre es permanecer conectado a Su Padre a través del Espíritu Santo.

Esta es la única manera de sobrellevar el temor de este mundo. Sin embargo, esto es una amenaza para el sistema de religión, el cual controla a las personas.

Antes de qué fuéramos carne, fuimos espíritus en Dios. De modo qué, para ser guiados por Dios, debemos estar reconectados a Su Espíritu.

El mayor regalo a Su creación es Su Hijo porque si Jesús no hubiese terminado su obra en la carne, no tendríamos acceso a Su Espíritu ni a nuestro Padre Celestial.

Ponga Jehová, Dios de los espíritus de toda carne, *un varón sobre la congregación,*

Números 27:16

La meta principal del Espíritu Santo es despertar nuestros espíritus tanto a nuestro propósito como a nuestro origen. Nuestros espíritus entienden lo sobrenatural y la intemporalidad.

Nosotros somos los qué hemos sido hipnotizados por el *malware (programa maligno,* al cual se le refiere también como *evilware*) en el centro de nuestros sistemas de computación, el cual causa qué funcionemos a un nivel muy inferior al de nuestro diseño original. Debemos despertar a nuestra verdadera naturaleza hoy y recordar quienes fuimos *desde antes de la fundación del mundo.*

El Espíritu De Verdad

Hay mucho qué podemos aprender de las palabras y las acciones de Jesús, pero tal vez lo más importante qué debamos entender es qué todo lo qué dijo e hizo fue porque Él es, fue, y siempre será el *Espíritu de Verdad*. Recuerdo qué cuando me gradué de la universidad, se me preguntó qué iba a hacer con el resto de mi vida. Mi respuesta fue el cliché qué decían muchos en esa época, *"encontrar la verdad."*

Afortunadamente, había asistido a muchas iglesias y estaba familiarizado con la Biblia. Había sido expuesto a "La Verdad" aunque mi aprendizaje fue a través de un filtro religioso. Aun así, mi deseo de conocerlo a Él se intensificó y eventualmente me conecté al "poder" del Cristo resucitado. El trayecto de conocerlo comenzó con pequeños encuentros con Su Espíritu, y esto me provocó a descubrir por mí mismo la realidad de lo qué Él conquistó.

Lo qué comparto con ustedes es el resultado de toda una vida descubriendo "La Verdad," a través de mi relación con el *Espíritu de Verdad*. Espero qué todos los qué tengan hambre por *La Verdad* busquen las cosas más profundas del Espíritu de Dios para descubrir la realidad de lo qué Él es, y la obra qué Él terminó.

> *En el principio (antes qué el tiempo fuese) ya existía la Palabra (Cristo).*
> *La Palabra estaba con Dios, y Dios mismo era la Palabra.*
> *La Palabra estaba (presente desde el origen) en el principio con Dios.*
>
> Juan 1:1-2 Traducción de la Biblia Amplificada

En el "evangelio" según San Juan, descubrimos qué Dios y su Palabra coexistían juntos fuera del tiempo. De modo qué, si todos éramos espíritus en Dios **desde antes de la fundación del mundo**, entonces estábamos en la Palabra antes de qué fuese hecha carne.

Yo creo qué esto significa qué nuestro espíritu se había comprometido a servir a Cristo desde antes de qué Jesús viniera a la tierra. Además, yo creo qué nuestros espíritus presenciaron a la "Palabra de Dios" cumpliendo su propósito desde antes de su nacimiento, muerte y resurrección en la tierra.

El hombre pecó contra Dios como carne dentro del tiempo, así qué era necesario qué La Palabra se hiciese carne para salvar al hombre de la traición en contra de Dios. **Como aprendimos, el hombre crea su mundo con su alma, el cual es su centro de creencia.**

El verso a continuación explica la condición del hombre, como era antes y como es ahora.

> En el **mundo** estaba, y el **mundo** fue hecho por ella, (la Palabra) pero el **mundo** no la conoció.
>
> Juan 1:10 RVC

El Creador de tanto el mundo como de la tierra, se encontraba en ambos ámbitos simultáneamente, pero el hombre no estaba consciente de esto.

Por favor, medite en este versículo. Juan está diciendo, (estoy parafraseando) Dios se encontraba dentro de la "consciencia del hombre" o del "mundo," pero la mente del hombre era tan oscura, qué no podía ver "la luz." ¿Recuerda este versículo en Mateo?

> pero si tu ojo es maligno, todo tu cuerpo estará en tinieblas. Así qué, si la luz qué en ti hay es tinieblas, ¿cuántas no serán las mismas tinieblas?
>
> Mateo 6:23

La conciencia prevalente en la tierra hoy en día es la del Primer Adán, y al menos qué el hombre experimente una conversión, su consciencia no cambiará. Esa mentalidad (o conciencia) impide qué el hombre reconozca al "Espíritu de Verdad," y en realidad es lo qué toda la humanidad anda buscando.

Antes de qué el hombre inhalara el primer aliento, Dios cumplió Sus promesas a través de la obra perfecta de Cristo.

Esto incluye la restitución por las transgresiones del hombre y la remoción de toda autoridad de satanás sobre el destino del hombre.

> *qué Dios estaba en Cristo reconciliando consigo al mundo, no tomándoles en cuenta a los hombres sus pecados, y nos encargó a nosotros la palabra de la reconciliación.*
> 2 Corintios 5:19

Sin embargo, nuestra inhabilidad de vivir esa Verdad es la guerra qué peleamos porque todos heredamos al nacer la mentalidad y la línea de sangre de Adán.

Nuestra guerra se intensifica cuando nos sometemos a Cristo. Esto se debe en gran parte a la influencia de un mensaje evangélico indefenso qué tergiversa la victoria de Cristo, enseñando qué Jesús debe regresar para salvar a Su iglesia.

Si podemos concordar qué Dios utiliza la Biblia como un medio tanto espiritual como físico para manifestar a un Cristo victorioso, entonces será más fácil confrontar nuestras circunstancias desde otra perspectiva.

La simplicidad de creer qué Jesús fue la representación física de la gracia y la misericordia de Dios qué destruyó la obra de satanás, y restableció Su Reino en la tierra, está escondida tras interpretaciones erróneas de las escrituras.

Sin embargo, si recordamos nuestra autoridad en Cristo desde antes de la fundación del mundo, nuestro temor se desvanecerá, y nuestra fe se elevará por encima de las circunstancias del ámbito físico.

Cristo venció al diablo y ganó la guerra, pero nuestra revelación personal de Cristo se forma de nuestras batallas individuales, a las cuales aplicamos el Espíritu de Verdad.

La única arma capaz de vencer los temores e inseguridades de este mundo es el conocimiento de la victoria con qué Cristo los venció.

La Biblia es el registro visible de Sus logros, los cuales están diseñados para cambiar y provocar a la próxima generación a mayores revelaciones del Hijo de Dios.

Si por otro lado, creemos qué cada generación está esperando la destrucción del mundo para qué Dios intervenga, entonces será imposible entender el poder de lo qué Cristo ha logrado, o las escrituras mismas.

El Espíritu Santo le está revelando en este momento qué su libertad de todo lo qué constituye el mundo material, y aún de la misma muerte, ya ha sido comprada para usted.

La característica distintiva de lo sobrenatural es la profecía, y su origen se encuentra en la dimensión espiritual. Dios usó el lenguaje espiritual de la profecía para conectar lo invisible con lo visible. Además, es la fuente de fe para todos aquellos qué se someten a Su autoridad y a su victoria.

A. "LO PROFÉTICO" ES CRISTO

Mi mayor aventura comenzó el día en qué el Espíritu Santo se presentó delante de mí. Ese encuentro abrió mis ojos y mis oídos espirituales a una dimensión qué cambió mi vida y mi comprensión de la Biblia para siempre. Conocí al Autor del Libro qué yo había batallado tanto para entender. Ahora El me enseñaría los misterios qué anhelaba conocer y me conectaría con Su Cuerpo.

Ya no confiaba más en otros para la interpretación de las escrituras, sino qué ahora esperaba qué El me enseñara o me conectara con Su Cuerpo. Me recordó de la conversación qué Jesús tuvo con Pedro cuando le explicó qué Él edificaría Su Iglesia. El Poder de Cristo uniendo a Su Cuerpo ahora tenía sentido.

Vi claramente como el lenguaje qué la mayoría de las iglesias utilizan para interpretar la Biblia no fortalece la fe de las personas, sino qué más bien la impide, con los temores de horribles tribulaciones.

Yo sé qué esto no se hace a propósito porque los pastores preciosos y maestros qué yo conozco, aman a la gente; sin embargo, fueron adoctrinados con las mismas enseñanzas erróneas qué todos los demás.

Por ejemplo, el término profético generalmente su usa para describir un evento futuro qué se predijo por una persona conocida como profeta. Claro, el evento debe suceder para qué esa persona mantenga su título, o por lo menos eso pensaría uno.

Afortunadamente, a los falsos profetas de hoy en día no se les apedrea por predicciones equivocadas o si no habría mucho menos personas usando ese título.

Sin embargo, las iglesias asignan títulos a las personas generalmente debido a la carta escrita por Pablo a los Efésios. A esto se le conoce como los "dones de los cinco ministerios."

> *Y él mismo constituyó a unos, apóstoles; a otros, profetas; a otros, evangelistas; a otros, pastores y maestros, a fin de perfeccionar a los santos para la obra del ministerio, para la edificación del cuerpo de Cristo,*
>
> *Efésios 4:11-12*

Desafortunadamente, como la mayoría de las interpretaciones de las escrituras, esto se vuelve un modelo utilizado para edificar un sistema, en lugar de un ejemplo para utilizarse como una guía espiritual.

Debemos entender qué el Espíritu Santo es nuestro maestro primordial, no Pablo ni nadie más.

Si queremos interpretar las escrituras de Pablo, qué, según Pedro, eran difíciles de entender, debemos depender del Espíritu de Dios y no de una doctrina de hombres. Yo sugiero qué todos comencemos a leer únicamente las palabras de Jesús, al menos qué El Espíritu le dirija a leer algo más.

El poder de la Biblia no se encuentra en las letras de los escritores, sino en la sustancia de la Palabra, la cual es Cristo. Jesús dijo en Juan 6:63, "*las Palabras qué les hablo son Espíritu y son vida.*"

¿Recuerda la exhortación qué se le dio a Pedro cuando quiso edificar tres tabernáculos para Jesús, Moisés y Elías en el monte de la Transfiguración?

Si formamos un modelo o sistema, tal como una denominación, tras experimentar un encuentro espiritual, entonces impediremos qué las personas dependan del Espíritu.

No encontramos en ninguna parte del Nuevo Testamento a los Apóstoles estableciendo una denominación. Los "dones" de los cuales se habla en Efésios se encuentran dentro de todos aquellos qué han nacido del "agua y del espíritu." (Juan 3:5)

Los distintos ministerios identificados por Pablo, representan un cuadro espiritual de las distintas administraciones del Cuerpo de Cristo. Simplemente son "descripciones de una función" jamás fue la intensión dividir a los creyentes por un título.

El propósito primordial de lo "profético" en el Antiguo Testamento fue anunciar la venida de Cristo, porque Él es el Espíritu de la Profecía. Cada evento qué se llevó a cabo antes de su nacimiento, muerte y resurrección fue profetizado desde Génesis.

> Los profetas qué profetizaron de la gracia destinada a vosotros, inquirieron y diligentemente indagaron acerca de esta salvación, escudriñando qué persona y qué tiempo indicaba el **Espíritu de Cristo** qué estaba en ellos, el cual anunciaba de antemano los sufrimientos de Cristo, y las glorias qué vendrían tras ellos.
> 1 Pedro 1:10-11

> Yo me postré a sus pies para adorarle. Y él me dijo: Mira, no lo hagas; yo soy consiervo tuyo, y de tus hermanos qué retienen el

testimonio de Jesús. Adora a Dios; porque el **testimonio de Jesús es el espíritu de la profecía.**
Apocalipsis 19:10

Entonces, aquellos qué se identifican como profetas (o responden) al título de "profeta," deben revelar al Espíritu de Cristo y llevarnos a una experiencia con el Cristo resucitado. Aquellos qué hablan a través del Espíritu de Cristo abrirán nuestro entendimiento a grandes y mayores revelaciones de Cristo.

Hoy en día, muchos operan bajo otro espíritu, el cual es intimidación, avaricia y adivinación. **Este es el resultado de un fundamento equivocado en el entendimiento de las Escrituras, comenzando con los libros de Daniel y Apocalipsis.**

En mi opinión, las enseñanzas equivocadas qué han prevalecido por siglos, para persuadir a la Iglesia qué Jesús no terminó lo qué se comprometió a hacer *desde antes de la fundación del mundo*, son los responsables por la desesperanza e impotencia de la Iglesia hoy.

¿Cómo es posible tener fe en algo qué solo pertenece al futuro? Alguien podría tener la esperanza de un cambio en el futuro, pero la esperanza no es fe. La fe se forma al conocer lo qué ya ha sido terminado, y no de lo dicho qué acontecería en el futuro. Es por eso por lo qué Hebreos 11 define lo qué la fe ES:

ES pues la fe la sustancia de las cosas qué se esperan, la demostración de las cosas qué no se ven.
Hebreos 11:1 RVA

Entonces, el "Espíritu de la Profecía" (o "el testimonio de Jesús") debe ser entendido acertadamente si queremos dividir correctamente las escrituras. El Antiguo Testamento, en particular el libro de Daniel, describe Su nacimiento, muerte y resurrección. Dios usa a un Ángel para entregarle el mensaje y así asegurar tanto su autenticidad como su cumplimiento.

Pregúntese a sí mismo, ¿Qué lenguaje usa el cielo para comunicarse con nosotros? Correcto, no se puede describir.

Juan tuvo qué usar el término, "en el Espíritu" para ilustrar la diferencia entre la dimensión celestial y la natural.

> *Yo estaba **en el Espíritu** en el día del Señor, y oí detrás de mí una gran voz como de trompeta*
>
> Apocalipsis 1:10

El punto es este, a menos qué nuestro espíritu esté conectado a Su Espíritu, no podremos dividir correctamente el Espíritu de la Profecía.

Hay otra pregunta qué se debe contestar. ¿Cómo puede una persona tener fe en Jesús, si Él aún debe regresar a terminar lo qué comenzó?

Hay una prueba muy sencilla qué yo uso cada vez qué escucho a alguien interpretar la Biblia. Me pregunto si esa persona está edificando fe o está edificando temor.

Entonces, confíe en el Espíritu Santo para qué Él le enseñe lo qué Él mismo escribió y no sea movido de aquí para allá por cada viento de doctrina. Esté firme en la Roca, la cual es la revelación de Cristo Jesús.

Este libro le dará llaves para revelar el misterio de Cristo y su obra terminada. Entonces experimentará "Su fe" para poder entrar detrás del velo y ver a Dios "cara a cara."

No hay nada más importante en nuestra vida diaria qué experimentar la presencia del Espíritu Santo. Cada vez qué esto sucede, nos recuerda la última vez qué tuvimos tal encuentro.

¿Qué, si le dijera qué su deseo consciente de entrar a Su Reino provocó este tipo de intervenciones divinas, y qué esto es solo el comienzo de un cambio radical qué alterará su consciencia para siempre?

Como he dicho muchas veces, hay una diferencia entre la *salvación* y *"nacer de nuevo."* Aquellos qué desean entrar en Su Reino, deben nacer del "Agua y del Espíritu." Esa experiencia requiere una decisión consciente de "Conocerlo a Él."

Todos estamos viajando por este camino hacia la eternidad con la esperanza de qué estemos preparados para lo qué viene por delante. Eso es lo qué hace qué cada experiencia sea tan divina y adictiva.

Un día en el futuro cercano, esta experiencia no se terminará más y usted se encontrará *En Él*. Sus ojos espirituales se abrirán y conocerá lo qué ya conocía *desde antes de la fundación del mundo*.

No hay ninguna fórmula ni teología qué le provea esta experiencia. Es únicamente su hambre y su pasión por Él qué abrirán el cielo sobre usted.

La rapidez de esa transición se determinará por la confianza qué desarrolle en el proceso. Cada paso requerirá mayores sacrificios de lo qué usted considera valioso.

El Padre quiere un pueblo sobre la tierra qué lleve en sí, un nivel de Gloria como nunca antes. Él no puede desatar Su Gloria sobre un pueblo qué no tenga entendimiento, porque esto los destruiría. ¿Está usted listo para recibir Su Gloria y cumplir su tarea? ¡Yo pienso qué si lo está!

B. LA DECLARACIÓN PROFETICA DE DIOS

La mayoría de nosotros comenzamos nuestro trayecto como Cristianos un tanto ingenuos en cuanto a lo qué fuimos *desde antes de la fundación del mundo*. Ahora sabemos qué éramos espíritus en Dios, esperando nuestro nacimiento en la tierra. Fue durante esa época qué conocimos a Cristo como la Palabra de Dios, y lo presenciamos a Él como El qué Fue, El qué Es y El qué viene (Apocalipsis 1: 8) Pero, es únicamente el Espíritu Santo Él qué puede despertar nuestro espíritu a esta realidad.

Cuando nuestros espíritus son despertados, experimentamos nuevos niveles de fe qué remueven nuestra dependencia en nuestros sentidos. **El éxito de esa transición depende de algunos factores, pero, antes qué nada, comienza con reconocer lo qué Jesús logró.** Sin una transición espiritual, el hombre siempre escogerá ser guiado por la religión en lugar de ser guiado por El Espíritu.

La Biblia es un libro profético comenzando desde Génesis. El Autor de lo profético es Dios El Padre y Su Palabra, la cual es Jesús, porque Él es el *Espíritu de la Profecía*. Además, Él es el Espíritu de Verdad, lo qué implica qué cada palabra hablada por Él, es espiritual e inconmovible. (Juan 6:63)

Dios maldijo a la serpiente en *Génesis 3* y todo espíritu presenció *desde antes de la fundación del mundo* cuando Cristo aplastó la cabeza de satanás. Esto significa qué estábamos "EN ÉL" recibiendo todo el poder para vencer, antes de qué fuésemos hechos carne y sangre.

> *Haré qué tú y la mujer sean enemigos, lo mismo qué tu descendencia y su descendencia. Su descendencia te aplastará la cabeza, y tú le morderás el calcañar.*
>
> *Génesis 3:15 DHH*

La declaración profética hecha por Dios dentro del tiempo y registrada en Génesis 3, abrió el ámbito espiritual a la voz de los profetas de Dios para decretar el juicio en contra de la injusticia y para la venida del Mesías.

No debe haber ninguna duda de qué Dios estaba profetizando a toda la creación qué Su Hijo vendría a redimir al hombre y a aplastar la cabeza de satanás. La profecía de Dios echó a andar Su plan perfecto sobre satanás y sobre la muerte. Además, la Biblia se convirtió en el registro qué El Espíritu Santo utilizó para documentar la más grande historia de amor y victoria de Dios.

Entonces, a menos qué nos unamos con el Espíritu de Dios para despertar a cada generación a la posición espiritual qué tuvo *desde antes de la fundación del mundo*, no cambiará nada.

Tal vez a usted se le ha enseñado como a mí, qué la Biblia habla proféticamente de la destrucción de la tierra y de la venida de Jesús como un Rey, reinando en Jerusalén. Yo nunca cuestioné esa doctrina hasta qué comencé a escudriñar las escrituras para ver si Jesús en realidad dijo eso.

Lo único qué encontré fue a Jesús diciendo qué Su reino era invisible, pero en ninguna parte encontré qué Él regresaría en la carne a sentarse en un trono terrenal.

Algunos Fariseos le preguntaron a Jesús cuando vendría el Reino de Dios. Su respuesta fue, "El Reino de Dios no viene de manera visible."

Los fariseos le preguntaron a Jesús cuándo había de llegar el reino de Dios, y él les contestó:

—La venida del reino de Dios no es algo qué todo el mundo pueda ver. No se va a decir: "Aquí está", o "Allí está"; porque el reino de Dios ya está en medio de ustedes.

Lucas 17: 20-21 DHH

Cuanto más escudriñaba las escrituras por la verdad, más encontraba resistencia dentro de mí. El Espíritu Santo me reveló lo conectado qué estaba emocionalmente a esa doctrina, y fue entonces cuando decidí caer sobre la piedra.

el qué cayere sobre esta piedra será quebrantado; y sobre quién ella cayere, le desmenuzará.

Mateo 21:44

El día qué decidí caer sobre "la Piedra," la cual es Cristo, fue el día qué Él comenzó a enseñarme grandes y maravillosas verdades qué habían estado ocultas a plena vista a lo largo de las Escrituras. Esto es lo qué estoy compartiendo con ustedes.

El evento más importante qué ha sucedido en la tierra fue el nacimiento, la muerte y la resurrección de Cristo. Este fue el cumplimiento de las palabras proféticas habladas por Dios El Padre, en Génesis.

Una de las llaves principales qué nos ayudarán a entender la Biblia es reconocer a Jesús como El Cordero Pascual de Dios. La liberación de Israel del Faraón fue el presagio de lo qué Jesús lograría para toda la humanidad, y esto se cumplió cuando Él estuvo 3 días y 3 noches en el corazón de la tierra, tal como El mismo lo había dicho. (Para un estudio más profundo sobre esto, lea mi libro *El Gran Engaño*)

Ya hemos hablado sobre cómo una de las verdades más profundas de la Biblia es reconocer qué Dios terminó todo lo qué prometió en las escrituras, desde antes del comienzo del tiempo. ¡Piense en esto!

Dios hizo un pacto con Abraham debido a su fe, pero la realidad es qué según la Biblia, Dios hizo un pacto con SÍ mismo.

Antes De La Fundación Del Mundo

Porque cuando Dios hizo la promesa a Abraham, no pudiendo jurar por otro mayor, juró por sí mismo,

Hebreos 6:13

Recuerde, Dios y Su Palabra son Uno. Entonces, cuando Jesús se comprometió a cumplir su misión en la tierra, podríamos decir qué, Él (Su Palabra) y Dios hicieron un pacto el uno con el otro.

Entonces, el pacto qué Dios hizo con Abraham es el mismo qué Cristo hizo con usted y conmigo *desde antes de la fundación del mundo*, **SIEMPRE Y CUANDO** al igual qué Abraham, le **creamos a Dios**. (Romanos 4:3)

La salvación comprada para todos los hombres requiere qué usted y yo lo creamos por fe, de la misma manera qué Abraham creyó.

El cumplimiento de la Palabra profética de Dios comenzó en Génesis y continuó a través de las escrituras. Los profetas ungidos en la Biblia hablaron por el Espíritu de la Profecía, el cual es Jesús, porque le creyeron a Dios.
Y yo creo qué también fue porque recordaron lo qué presenciaron en el ámbito espiritual antes de qué fuesen carne.

Daniel fue uno de los más ungidos por Dios y divinamente escogido para un encuentro profético con el Ángel Gabriel. Ese encuentro despertó su espíritu y puso en marcha la más dramática serie de acontecimientos qué jamás habían ocurrido en el planeta tierra.

El Espíritu de la Profecía, el Cristo vendría en carne a demostrar de una vez y para siempre, qué Dios es Dios y Él cumpliría el pacto qué hizo *desde antes de la fundación del mundo.*

La Religión es el Origen de la Enseñanza Equivocada

La religión siempre se ha resistido a la verdad. Los libros de Daniel y Apocalipsis han sido utilizados para confundir, engañar y corromper la verdad de lo qué Jesús ya logró. Si se le enseñara La Verdad a la gente de cómo depender del Espíritu Santo, el negocio de la religión se acabaría de inmediato. Esto es lo qué los líderes Judíos temían más qué nada, y es una de las razones por las cuales mataron a Jesús.

La religión tergiversa *las Escrituras.* A todos los nuevos convertidos al Cristianismo se les enseña a creer qué Jesús fue crucificado en Viernes y resucitado en Domingo. Esto se enseña a pesar de qué Jesús claramente les dijo a los líderes qué lo único qué probaría qué Él es el Hijo de Dios es qué estaría en el corazón de la tierra 3 días y 3 noches.

> *Y apiñándose las multitudes, comenzó a decir: Esta generación es mala; demanda señal, pero señal no le será dada, sino la señal de Jonás.*
>
> *Lucas 11:29*

La religión controla la mente de las personas con temor y separación. El próximo paso en el proceso de corromper a los nuevos creyentes, es separar a Jesús del AntiguoTestamento. Esto se lleva a cabo al decretar qué el Nuevo Testamento comienza con los Evangelios. Claro, todas las Biblias hacen qué esto sea fácil de aceptar, debido a la manera qué la Biblia se estructuró por Roma en el siglo IV.

ANTES DE LA FUNDACIÓN DEL MUNDO

La religión Católica quería separarse de los Judíos, así qué comenzó una "nueva" religión con Jesús, comenzando en Mateo. La verdad es qué Jesús vino a cumplir la Ley.

> No penséis qué he venido para abrogar la ley o los profetas; no he venido para abrogar, sino para cumplir.
> Mateo 5:17

La página en nuestras Biblias qué dice "Nuevo Testamento" está localizada estratégicamente antes de los Evangelios. Esto parece inofensivo para el recién convertido, pero en realidad le quita la identidad a Jesús como el Mesías del pueblo de Israel.

Jesús es el Nuevo Pacto para todos los hombres al convertirse en el Cristo, y es por eso por lo qué hay tanta confusión en cuanto a su nacimiento, muerte y resurrección.

El Nuevo Pacto no comenzó en el nacimiento de Jesús. Él lo anunció antes de ir a la cruz y se cumplió cuando vino el Espíritu Santo el día Pentecostés en el año 31 d.C. El cual fue enviado a guiar a todos los hombres a la verdad de lo qué El Cristo logró *desde antes de la fundación del mundo.*

Si leemos las escrituras desde esa posición, serán muy fáciles de entender.

De otra manera, la Biblia se convertirá en un libro histórico sobre Israel, en lugar de una puerta espiritual por donde podemos entrar y sentarnos en lugares celestiales con nuestro Rey.

SECCIÓN II

La Revelación De Cristo

Los eventos qué se registraron en las Escrituras comenzando con el engaño de Adán, y terminando con el nacimiento, la muerte y resurrección del "Último Adán," son el corazón y el alma de la Biblia, y de la búsqueda del hombre por la verdad.

La religión jamás fue un diseño de Dios, ni el propósito de Cristo. De hecho, Jesús vino a destruir los sistemas religiosos, cuyo autor es satanás. El mismo modelo de control y avaricia por el dinero conecta a todas las religiones de la tierra, y siempre crucificarán al Hijo de Dios. Jesús fue muy claro cuando dijo, *el hombre no puede servir a Dios y a Mamón.*

En el Génesis se nos recuerda qué Dios rescataría al hombre y destruiría a satanás a fin de restaurar Su Reino. Esto sucedería, pero cómo, dónde y cuándo, se le ocultó tanto a los hombres, como a los ángeles, hasta qué Dios envió a Gabriel a revelarle los detalles a Daniel.

El lenguaje del cielo hablado por los mensajeros, sigue confundiendo hasta el día de hoy a cualquiera qué usa el razonamiento mental. **La Biblia es un libro espiritual, escrito por el Espíritu Santo, y esto lo hace imposible de entender, si no se es guiado por Él.**

Sin embargo, es mi propósito enseñarle al lector qué la Biblia no es difícil de entender, si se establece **una verdad básica**, la cual es qué **Jesús es el cumplimiento de cada promesa qué Dios hizo, y esto incluye el regreso de Su Reino.**

Si lee las escrituras desde esta perspectiva, su entendimiento crecerá exponencialmente.

El Antiguo Pacto fue la sombra y figura de Cristo en todos los sentidos, incluyendo las Fiestas y Días Sagrados.

Descubriremos qué Jesús nació en la **fiesta de los Tabernáculos**, fue ungido en la **fiesta de las Trompetas**, fue crucificado en la **fiesta de Pascua**, sepultado en la **fiesta de los Panes sin Levadura**, resucitado en el Sabbat semanal y aceptado como nuestra propiciación por el pecado, en la **fiesta de los Primeros Frutos.**

Estas verdades solidifican a Jesús como el cumplimiento de la Ley, como Él lo declaró en Mateo 5:

> *No penséis qué he venido para abrogar la ley o los profetas; no he venido para abrogar, sino para cumplir.*
>
> Mateo 5:17

Los "eruditos Bíblicos" y "profetas" qué interpretan las escrituras de otra manera, se hacen daño a sí mismos. Desean crear gente de fe, pero sucede lo contrario. No estoy viniendo en contra de carne y sangre. Sé qué los hombres y mujeres qué promueven estas falsas doctrinas no lo hacen con el propósito de dañar a otros.

Sin embargo, hay un espíritu de anti-Cristo qué ha resistido al Espíritu de Dios, y ese es el espíritu sanguinario qué siempre ha intentado destruir la creación de Dios.

La perversión de la palabra de Dios produce gente religiosa qué es indefensa en contra de sus circunstancias, porque no tiene entendimiento de su herencia espiritual terminada por Cristo.

Debemos avanzar la verdad de lo que Cristo cumplió si queremos cambiar la condición espiritual de nuestro planeta para las futuras generaciones.

Esto no sucederá de la noche a la mañana, pero el Espíritu Santo hace milagros con pocos, como lo demostró con los panes y los peces en los días de Jesús.

Mi intención es resaltar capítulos y versículos claves qué han creado la mayoría de la confusión en el libro de Daniel y Apocalipsis. Además, he incluido gráficas qué le ayudarán a visualizar e identificar eventos específicos y cómo ocurrieron en ese tiempo. Por favor, recuerde qué estas conclusiones no deben convertirse en una doctrina o teología.

Este libro es **únicamente una herramienta** para provocarle a qué usted se convierta en un estudiante de las Escrituras. Cuestione **qué es lo qué cree** y **por qué** lo cree. Pídale al Espíritu Santo qué le enseñe, porque esa es la tarea de Él. Además, el deleite más grande del Espíritu Santo es abrirle el entendimiento para qué reciba el regalo más maravilloso qué se le ha dado a la humanidad.

A. EL LINAJE PROFÉTICO DE DANIEL

Daniel era un joven muy especial por muchos motivos, pero yo creo qué el hecho de qué haya nacido de la tribu de Judá, es extremadamente importante. (Daniel 1:6)

De acuerdo con los escritos del historiador Flavio Josefo, Daniel fue pariente del Rey Sedequías, el último rey de Judá, quién fue nombrado por Nabucodonosor y se le consideró malvado ante los ojos de Dios.[1] Por cierto, el nombre de Sedequías significa "justicia de Dios," y después de once años de rehusarse a prestar atención a las advertencias de Jeremías, el ejército de Nabucodonosor le sacó los ojos.

Además, la línea de sangre de Daniel estaba conectada con la Casa de David, en cuanto a la realeza. Esto es extremadamente importante para aquellos qué quieren entender sus escritos, ya qué David y toda su línea de sangre esperaban la llegada del Mesías. Por ejemplo, David escribió algunos versículos al respecto: (Salmo 27:9, 16:10, 22:1, 41:9, 110:4 y 118:2) Estos describieron la muerte y resurrección de Jesús.

---

[1] *Josefo, Antigüedades de los Judíos 18. 86-189*

Tiene pleno sentido qué Dios usara el linaje profético de David, para terminar lo qué se había establecido *desde antes de la fundación del mundo.*

Hay muchas Escrituras qué se han interpretado erróneamente y en parte, esto ha contribuido a la triste condición de la Iglesia del día de hoy. De hecho, las Escrituras proféticas han sido las más abusadas, especialmente lo relacionado con la devastación mundial conocida como la "Tribulación" o "Los Últimos Tiempos," y el regreso en el futuro de Cristo en la carne. Tal vez el capítulo de la Biblia más utilizado para promover la creencia de los "Últimos tiempos" se encuentra en Daniel 9, y se le ha llamado la Semana 70.

El libro de Daniel es uno de los más poderosos qué se han escrito, porque le anuncia a todos los poderes y principados, qué lo qué Dios le declaró a satanás en el Jardín, empezaría a cumplirse. A satanás le quedaba poco tiempo porque quién le aplastaría la cabeza venia en la forma del Mesías. El reloj comenzó a andar en el Jardín del Edén, pero la realidad del evento comenzó *desde antes de la fundación del mundo.*

Tal vez recuerde qué la interpretación de Daniel del sueño de Nabucodonosor tenía qué ver con los reinos de Babilonia, Persia, Grecia y Roma, y este describía el fin de una era o de los reinos de la tierra. Esto tiene qué ver con la realidad qué Dios estaba restableciendo Su Reino el cual no tendría fin.

Y en los días de estos reyes el Dios del cielo levantará un reino qué no será jamás destruido, ni será el reino dejado a otro pueblo;

desmenuzará y consumirá a todos estos reinos, pero él permanecerá para siempre,

Daniel 2:44

Este versículo simplemente elimina la necesidad de qué otra cosa ocurra en el futuro para establecer el Reino de Dios.

Como hemos dicho antes, Dios usó a Sus profetas para anunciar los eventos antes de qué sucedieran, para qué el hombre reconociera la autoridad espiritual de Dios. La interpretación de las escrituras proféticas es imposible si uno depende de cualquier otra cosa qué no sea el Espíritu Santo.

El lenguaje del cielo no se puede discernir con las palabras de este mundo. De modo qué debemos permitirle al Espíritu de Dios qué interprete frases como "un día es como mil años" o para entender el principio de día por año definido en (Números 14:34; Ezequiel 4:6)

Cumplidos éstos, te acostarás sobre tu lado derecho por segunda vez, y llevarás la maldad de la casa de Judá cuarenta días; **día por año, día por año te lo he dado.**

Ezequiel 4:6

Si no estamos familiarizados con el lenguaje espiritual del cielo, comenzaremos a usar la lógica en nuestras interpretaciones, y esto causará confusión y falsas doctrinas. Entonces nuestra meta debe ser permitirle al Espíritu Santo qué nos vuelva a entrenar desde una perspectiva de la obra terminada de Dios, la cual fue anunciada en el Jardín del Edén.

B. LAS SETENTA SEMANAS PROFETIZADAS A DANIEL

> *Sabe, pues, y entiende, qué desde la salida de la orden para restaurar y edificar a Jerusalén hasta el Mesías Príncipe, habrá siete semanas, y sesenta y dos semanas.*
>
> *Daniel 9:25a*

La mayoría de los qué creen en los "últimos días," usan la semana 70 como su fundamento. La enseñanza qué más se promueve en las iglesias es qué Dios ha pospuesto la semana 70 de Daniel 9 para permitir qué el estado físico de Israel acepte a Cristo como su Mesías.

Esta enseñanza básicamente niega la victoria de Cristo sobre el diablo. Además, hace de Dios un mentiroso debido a qué habría fallado en Su sentencia a satanás en el Jardín.

La verdad es qué, si las doctrinas religiosas pueden convencer a las personas qué esperen eventos en el futuro, esto le facilita al reino de las tinieblas el controlar a las personas con todo tipo de enseñanzas falsas. El ejemplo más flagrante de esto, es el de creer qué la crucifixión fue en viernes y la resurrección en domingo.[2]

Básicamente, observar esta tradición es equivalente a escoger creer un ritual religioso por encima de las palabras de Cristo. Debemos preguntarnos, "¿Cuántas otras mentiras religiosas hemos escogido creer en lugar de la verdad?"

7 Semanas: Reconstrucción del Templo

---

[2] *Para más información sobre este tema, lea mi libro, "El Gran Engaño."*

ANTES DE LA FUNDACIÓN DEL MUNDO

62 Semanas: Desde qué se terminó el Templo hasta qué Jesús fue ungido

Semana 70: 3.5 años desde el principio del ministerio de Jesús incluyendo su crucifixión, resurrección y ascensión y 3.5 años hasta la muerte de Esteban.

Los versículos de Daniel 9:24-27 los he tomado de la Versión Septuaginta, la primera traducción griega del Antiguo Testamento Hebreo.

*Setenta semanas han sido determinadas sobre tu pueblo y sobre la ciudad de Sión, para **qué termine el pecado, y las injusticias se quiten,** y **se haga expiación por las iniquidades;** y **se entienda la visión y se establezca la justicia sempiterna y se cumplan las visiones y el profeta,** y **para ungir al Santo de los santos.***

Daniel 9:2

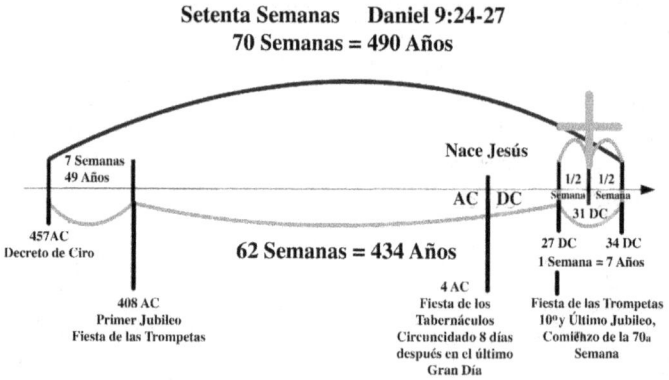

Fig. 1

No cabe duda qué Jesús es la persona a la qué se refiere Daniel 9: 24. El Mesías es el único capaz de reunir los criterios a continuación.

- Termina el pecado
- Quita las injusticias
- Borra las iniquidades
- Trae justicia sempiterna
- Es Ungido como el Santo de los Santos

Este versículo en Daniel claramente describe al Mesías de Dios. Cada una de las secciones recalcadas ilustran lo qué Jesús cumplió. Si examinamos las palabras correctamente, no cabe duda qué Jesús terminó su encomienda y no dejo nada sin hacer. La declaración más significativa en este versículo es la frase, *qué se cumplan las visiones y el profeta.* Vea el versículo en Apocalipsis.

Y vi en la mano derecha del qué estaba sentado en el trono un libro escrito por dentro y por fuera, sellado con siete sellos.

Apocalipsis 5:1

El Espíritu de la Profecía, Jesús, abre las palabras qué fueron selladas en Daniel, 438 años o 69 semanas después, en Apocalipsis 5. Él fue el único digno de abrir el rollo y desatar el juicio final.

La gráfica (Figura 1) nos permite ver la progresión lineal de las 70 Semanas. Sin embargo, para entender la sabiduría majestuosa y la perfección de Dios *desde antes de la fundación del mundo*, debemos comprender las Fiestas y los Jubileos de Dios, los cuales son la sombra y figura de Cristo.

LAS FIESTAS
I. LA FIESTA DE LAS TROMPETAS Y EL JUBILEO

Las Fiestas y celebraciones del Antiguo Testamento fueron la sombra y figura profética Del qué habría de venir, quién es la sustancia de todas las cosas. Las palabras de Gabriel, habladas a Daniel deben ser entendidas desde la perspectiva de las Leyes Judías, especialmente las Fiestas y los Días Festivos.

Una de las celebraciones más grandes era la del Jubileo, y esta se observaba cada 49 años, o 7 semanas. Esto significaba qué se era libre de todas las deudas, cautiverio y esclavitud. Esto obviamente describía al Mesías y se registra en Isaías 61 y Lucas 4. El décimo y ultimo Jubileo ocurrió durante la Fiesta de las Trompetas en 27 d.C. cuando Jesús se puso de pie en la sinagoga y leyó de Isaías.

El Espíritu de Jehová el Señor está sobre mí, porque me ungió Jehová; me ha enviado a predicar buenas nuevas a los abatidos, a vendar a los quebrantados de corazón, a publicar libertad a los cautivos, y a los presos apertura de la cárcel;

Isaías 61:1

Pero comencemos desde el principio de la profecía, la cual es el primer Jubileo qué ocurrió en el año 457 A.C. La secuencia de eventos comienza con un decreto del Rey Ciro después de qué Israel estuvo en Babilonia por 70 años.

Miles de exiliados dejaron Babilonia para construir el Templo en Jerusalén. El trabajo comenzó entre gran sufrimiento y oposición; sin embargo, Dios los protegió para asegurar qué Su palabra se cumpliera.

La restauración del templo se describe en el libro de Esdras y se dice qué comenzó en el séptimo mes. Es muy importante recalcar qué Israel celebra varias fiestas en este mes.

Zorobabel y Josue, el Sumo Sacerdote, edificaron un altar en el monte del Templo para qué comenzaran los sacrificios diarios. Esta era la celebración llamada la **fiesta de los Tabernáculos,** y 10 días después se llevaría a cabo la **fiesta de las Trompetas**, la cual fue la primera de 10 jubileos.

Cuando llegó el mes séptimo, y estando los hijos de Israel ya establecidos en las ciudades, se juntó el pueblo como un solo hombre en Jerusalén.

> *Entonces se levantaron Jeshua hijo de Josadac y sus hermanos los sacerdotes, y Zorobabel hijo de Salatiel y sus hermanos, y edificaron el altar del Dios de Israel, para ofrecer sobre él holocaustos, como está escrito en la ley de Moisés varón de Dios.*
>
> *Y colocaron el altar sobre su base, porque tenían miedo de los pueblos de las tierras, y ofrecieron sobre él holocaustos a Jehová, holocaustos por la mañana y por la tarde.*
>
> *Celebraron asimismo la fiesta solemne de los tabernáculos, como está escrito, y holocaustos cada día por orden conforme al rito, cada cosa en su día; además de esto, el holocausto continuo, las nuevas lunas, y todas las fiestas solemnes de Jehová, y todo sacrificio espontáneo, toda ofrenda voluntaria a Jehová.*

> *Desde el primer día del mes séptimo comenzaron a ofrecer holocaustos a Jehová; pero los cimientos del templo de Jehová no se habían echado todavía.*
>
> *Esdras 3:1-6*

La fiesta de las Trompetas, 49 años después en el año 408 A.C., anunció el comienzo del segundo Jubileo. Esto concluyó las primeras 7 semanas y cumplió las palabras en Daniel 9:

> *Sabe, pues, y entiende, qué desde la salida de la orden para restaurar y edificar a Jerusalén hasta el **Mesías Príncipe, habrá siete semanas**, y sesenta y dos semanas; se volverá a edificar la plaza y el muro en tiempos angustiosos.*
>
> *Daniel 9:25*

La siguiente gráfica muestra la imagen de las primeras 7 semanas, o 49 años. El primer jubileo se había terminado, cuando se volvió a edificar el templo y los muros de la ciudad.

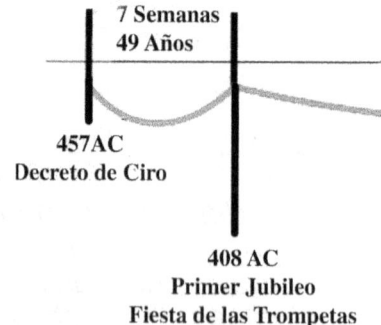

Fig. 2

En las siguientes 62 semanas, o 434 años qué habrían de venir, 8 Jubileos más ocurrieron antes de la venida del Mesías, según las palabras habladas a Daniel por Gabriel. El profeta Amós describe este largo período de tiempo como *"hambre de oír la palabra de Jehová." (Amós 8:11)*

Ahora adelantémonos al último Jubileo en el año 27 d.C. ó 434 años después. Israel celebraría la **fiesta de las Trompetas** sin darse cuenta qué su Mesías ya estaba en la tierra.

El poder de lo profético es la obra maestra invisible de Dios, creada fuera del tiempo y del espacio, *desde antes de la fundación del mundo.*

Tanto el mundo como la historia del hombre están repletos de información y de datos erróneos, pero la Palabra de Dios es inmune a esto, porque el hombre no la creó.

De modo qué todos podemos ser impactados con Su Gloria independientemente del nivel de conocimiento qué tengamos, porque Su Gloria es intemporal y perfecta.

Aclaro esto para decir lo siguiente: Las palabras de Daniel son sólidas en muchos niveles. El ángel enviado departe de Dios a Daniel verifica la realidad de Cristo, comenzando con Su nacimiento, muerte, el final del Antiguo Pacto y Su Reino qué no tiene fin. Además, revela nuestra conexión divina con la historia de amor de Dios, escrita para ti y para mí antes del tiempo.

La Biblia es la autoridad final y es históricamente perfecta; es nuestra plomada de La Verdad. Dios cumplió Su palabra con El Verbo de Dios. ¿Resulta sorprendente qué los libros de Daniel y Apocalipsis sean los más polémicos de la Biblia?

II. HECHOS HISTÓRICOS QUE IDENTIFICAN EL DÍA DEL NACIMIENTO DE JESÚS Y EL COMIENZO DE SU MINISTERIO

Yo creo qué nos ayudaría utilizar aquí mi libro anterior para recalcar algunos de los eventos históricos de las escrituras qué iluminan la gran precisión de la palabra profética de Dios. Los siguientes pasajes fueron tomados de mi libro, *"El Gran Engaño."*[3]

A. EL DECRETO DE ARTAJERJES

"En el año séptimo de Artajerjes, rey de Persia, se hizo un decreto para reedificar a Jerusalén (Esdras 7). Siguió el decreto de Ciro, en el cual reconoció qué el SEÑOR, Dios del Cielo le había encargado qué le edificara una casa en Jerusalén, la cual se encuentra en Judá. (Esdras 1: 2) El decreto de Artajerjes fue significativo por una profecía qué le fue revelada a Daniel.

Daniel declara:

Sabe, pues, y entiende, qué desde la salida de la orden para restaurar y edificar a Jerusalén hasta el Mesías Príncipe, habrá siete semanas, y sesenta y dos semanas; se volverá a edificar la plaza y el muro en tiempos angustiosos.

Daniel 9:25

Esto demuestra qué hay 62 semanas + 7 semanas = 69 semanas proféticas (ó 483 días).

---

[3] *El Gran Engaño*, L. Emerson Ferrell, *Resurrección, Volumen 2*, paginas 85-89

Aplicando el "principio-de-un-día-por-un-año" (Números 14: 34; y Ezequiel 4: 6), llegamos a 483 años desde el decreto hasta el comienzo del ministerio de Cristo.

Este decreto se hizo durante el séptimo año del reinado de Artajerjes (457 a.C.). Esta fecha está muy bien documentada históricamente. Al restar 457 de 483, llegamos al año 26 d.C.

Cuando contamos de a.C. a d.C., los astrónomos le agregan correctamente un año, ya qué no hay un año "cero," mientras qué los historiadores y cronologistas generalmente se niegan a hacerlo.

Agregar un año nos lleva al año 27 d.C. — el año qué se profetizó qué sería el comienzo del ministerio del Mesías.

Lucas 3: 23 nos dice, *"Jesús mismo al comenzar su ministerio era como de treinta años..."* El contexto de este versículo es después de qué Juan el Bautista había comenzado su ministerio, y justo antes de qué Jesús comenzara el de Él. Si Jesús tenía 30 años en el año 27 d.C., **hubiera nacido en el año 4 a.C.**

Recuerde qué debemos agregar un año para compensar por no tener un "año cero." Entonces, avanzando 30 años del año 4 a.C., nos trae al año 27 d.C.

Esto nos lleva a la próxima prueba histórica qué confirma aún más cuándo nació Cristo.

Antes De La Fundación Del Mundo

B. EL TIEMPO DE LA MUERTE DE HERODES

Poco tiempo después del nacimiento de Cristo, un ángel le advirtió a José por medio de un sueño qué él y su esposa María deberían llevarse al niño y huir a Egipto. Se quedaron allí hasta la muerte de Herodes (Mateo 2: 15). Cristo era un bebé de menos de un año cuando Herodes murió.

Mateo muestra qué:

Herodes entonces, cuando se vio burlado por los magos, se enojó mucho, y mandó matar a todos los niños menores de dos años qué había en Belén y en todos sus alrededores, conforme al tiempo qué había inquirido de los magos.

Mateo 2:16

Para establecer mejor el tiempo exacto de la muerte de Herodes, encontramos una referencia a un eclipse en Las Antigüedades de los Judíos de Josefo. Una nota de la Traducción de Whiston de Josefo dice así:

"Este eclipse de la luna (es el único eclipse mencionado por Josefo) es de gran importancia para determinar el tiempo de la muerte de Herodes...y para el nacimiento y la cronología entera de Jesucristo.

"Sucedió el 13 de Marzo en el año del período de Julián[4] 4710, y en el 4º año antes de la era

---

[4] Periodo de Julian, sistema cronológico ahora usado por los astrónomos y basado en la numeración consecutiva de días del 1 de Enero, 4713 a.C. No se debe confundir con el calendario Julián, el periodo Julián fue propuesto por el erudito Joseph Justus Scaliger en 1583 y él le puso el nombre de su padre, Julio Cesar Scaliger.

Cristiana." (Libro XVII, capitulo, verso, sec. 4). De acuerdo a Josefo, Herodes murió el siguiente año, en el 3 a.C.

Poco tiempo después de la muerte de Herodes, el ángel instruyó a José a regresar a la tierra de Israel con María y Jesús, quién tendría aproximadamente un año.

C. EL TIEMPO DE LA CONSTRUCCIÓN DEL TEMPLO

Como mencioné, Cristo tenía 30 años (Lucas 3: 23) cuando comenzó su ministerio en el año 27 d.C. Ahora veremos como la cronología del templo armoniza con la cronología de Cristo:

> *Y los judíos respondieron y le dijeron: ¿Qué señal nos muestras, ya qué haces esto? Respondió Jesús y les dijo: Destruid este templo, y en tres días lo levantaré. Dijeron luego los judíos: En cuarenta y seis años fue edificado este templo, ¿y tú en tres días lo levantarás? Mas él hablaba del templo de su cuerpo.*
>
> Juan 2:18-21

Esto ocurrió en la primera Pascua durante el ministerio de Cristo en el año 28 d.C. Los Judíos dijeron qué el templo había estado bajo construcción por 46 años. Al agregarle un año para compensar por no existir el "año cero," eso quiere decir qué la construcción del templo comenzó en el año 19 a.C., el año 18 del reinado de Herodes.

En **"Antigüedades,"** Josefo escribió, "Y ahora Herodes, en el año 18 de su reinado ...emprendió una grande tarea, qué fue edificar por sí mismo el templo de Dios..." (Libro XV, capitulo, XI, sección 1). A partir del año 19 a.C. avanzamos 46 años desde el comienzo de la reconstrucción del templo, arribando al año 28 d.C. – la primera Pascua después del comienzo del ministerio de Cristo.

D. EL REINADO DEL EMPERADOR TIBERIO

Otra evidencia histórica tiene qué ver con el tiempo del comienzo del ministerio de Juan el Bautista. Lucas 3: 1 comienza diciendo lo siguiente: *En el año decimoquinto del imperio de Tiberio César, siendo gobernador de Judea Poncio Pilato..."*

El reinado del emperador Romano Tiberio comenzó aproximadamente en el año 11 o 12 d.C. ya qué reinó al mismo tiempo qué Cesar Augusto por aproximadamente 2 años.

Si le agregamos los 15 años del reinado de Tiberio al año 11 ó 12 d.C., arribamos al año 26 d.C. o 27 (Lucas 3: 1-3)

E. EL GOBIERNO DE PONCIO PILATO

Los historiadores coinciden en qué Pilato gobernó por diez años. *Lucas 3:1* nos muestra qué Pilato fue gobernador durante el año 15 del reinado de Tiberio.

Algunas referencias históricas tales como la Enciclopedia Británica dicen qué Pilato gobernó del año 26 al año 36 d.C.

Cuando fue evicto, inmediatamente buscó ayuda de su aliado político, el Emperador Tiberio. Mas cuando Pilato iba rumbo a encontrarse con él, Tiberio murió. Esto sucedió en el año 37 d.C. Con la muerte de Tiberio, el gobierno de Pilato terminó ese mismo año. De modo qué el reinado de Pilato de 10 años coincide con los años 27 al 37 d.C.[5]

El gobierno de Pilato sobre Judea comenzó en el 27 d.C. durante el 15° año del reinado de Tiberio. Mientras tanto, Juan el Bautista comenzó su ministerio al principio de 27 d.C., el cual precedió al ministerio de Cristo algunos meses.

Jesús nació en el otoño del 4to año a.C., y es muy probable qué haya sido el 29 de septiembre, cuando se llevó a cabo la fiesta de los Tabernáculos y fue circuncidado 8 días después en el llamado "Último Gran Día" de la fiesta. Según Lucas, el ministerio público de Jesús comenzó en el 15° año del reinado de Tiberio. Evidencia secular e histórica indican qué Jesús comenzó su ministerio en el otoño de 27 d.C., en el séptimo mes, en el tiempo de la fiesta de Trompetas.

Jesús murió en 31 d.C. en la **fiesta de Pascua**, qué fue el 14 de Nisán. Este era el primer mes del calendario Judío. Él ministró por tres años y medio.

Si contásemos de manera regresiva de la última fiesta de las Trompetas en 27 d.C. al primer Jubileo, entonces llegaríamos exactamente al año 457 d.C., el 10° día del séptimo mes, o la fiesta de las Trompetas. Este fue el tiempo en qué Josué y Zorobabel terminaron de construir el altar. Israel no había sacrificado a Dios en 70 años, debido a su cautiverio en Babilonia.

---

[5] *http://rcg.org/articles/ccwnof.html# ©2015, The Restored Church of God.*

Antes De La Fundación Del Mundo

Con Dios no existen los accidentes. Jesús comenzó su ministerio en 27 d.C. en la fiesta de las Trompetas. Fue el sacrificio de Dios, y el altar para toda la humanidad.

Existen muchos qué se les ha enseñado, o creen qué Jesús debe regresar para cumplir todas las fiestas. Les estamos demostrando qué Dios no dejó nada sin terminar y esto incluye todas las Fiestas, las cuales fueron la única sombra de La Verdadera Luz:

- Jesús nació en la fiesta de los Tabernáculos

- Comenzó Su Ministerio en la fiesta de las Trompetas

- Murió en la Pascua

- Fue sepultado en la fiesta de los Panes sin Levadura[6]

- Ascendió al Padre en la fiesta de los Primeros Frutos

- Envió al Espíritu Santo en la Fiesta de Pentecostés[7]

Se levantó en el cielo en el Día de la Expiación para recibir a Esteban, el primer mártir y a todos los qué morirían en Su nombre.

---

[6] *El Gran Engaño por L. Emerson Ferrell, Página 127*
[7] *El Gran Engaño por L. Emerson Ferrell, Página 127*

DANIEL 9:26-27

La 70ª semana es una llave profética de oro qué desató las riquezas de la gloria de Dios y cumplió Su profecía dada a satanás en Génesis 3:14-15. Esto es precisamente el motivo por el cual el enemigo ha cegado a tanta gente de la realidad de las palabras qué el Arcángel Gabriel habló a Daniel.

Los dos versículos a continuación en Daniel 9 describen la semana final de la profecía de la 70ª semana y el comienzo del nuevo pacto de Dios. Los versículos 26 y 27 son sencillos y fáciles de entender si recordamos qué Dios había profetizado desde el principio, qué aplastaría la cabeza de satanás y redimiría al hombre.

La mayoría de los eruditos Bíblicos concuerdan qué 69 semanas de la profecía de las 70 semanas de Daniel 9, ya se cumplieron. Las falsas interpretaciones comienzan con la interpretación de la 70ª semana. El panorama de Jesús, y lo qué hizo ha sido recalcado en los versículos a continuación, y resumido más adelante:

> *Y después de las sesenta y dos semanas se quitará la vida **al Mesías**, y **no por sí**: y el pueblo de un **príncipe qué ha de venir**, destruirá a la ciudad y el santuario; **con inundación será el fin de ella**, y hasta el fin de la guerra será talada con asolamientos.*
>
> Daniel 9:26 RVA

No cabe duda qué cada una de las frases qué recalqué son una descripción de Jesús. Tal vez se le ha dicho qué el "príncipe" qué viene, se refiere al anti-Cristo, pero si reconocemos qué Jesús cumplió su obra en la tierra antes de convertirse en el Cristo resucitado, o El Príncipe de Paz, entonces este versículo tiene un significado muy diferente.

- El Mesías

- No por sí

- El príncipe qué ha de venir

- **Con inundación será el fin de ella**
  (Hablaré de esto más adelante).

Es muy interesante ver qué el Versículo 26 describe el futuro de Jerusalén, y de aquellos qué se rehusan a recibir a Jesús como su Mesías. Esto no debe confundir al lector, ya qué corresponden a la visión de Juan en Apocalipsis, donde describe el juicio final de Israel, qué ocurrió entre los años 66 ½ d.C. hasta 73 d.C.

Daniel describe estos eventos como *tiempo de angustia, cual nunca fue desde qué hubo gente hasta entonces* y Jeremías lo describe como *tiempo de angustia para Jacob*. Los escritos del historiador Flavio Josefo describen ese tiempo en la historia.

En sus libros "Las Guerras de los Judíos," él describe la Guerra Civil Judía qué terminó con la destrucción de Jerusalén en 70 d.C.

Yo le sugiero a cualquier persona qué tenga duda sobre estos eventos, qué lea el libro escrito por mi esposa, Ana Mendez Ferrell, "*El Fin de Una Era*," qué describe ese período de tiempo en gran detalle.

La mayoría de los Cristianos no están familiarizados con la destrucción de Jerusalén bajo el General Tito de Roma quién luego fue el emperador. La triste realidad es qué más de 1.1 millones de Judíos murieron entre los años 66 y 73 d.C.

A estas alturas tal vez se esté preguntando por qué la Iglesia no menciona este tema. Tal vez si más personas conocieran la historia de ese tiempo, eliminaría el falso "evangelio de los últimos días" qué se promueve en la iglesia el día de hoy.

El verso 27 de Daniel 9 corresponde a los primeros tres años y medio de los últimos 7 años del Israel antiguo-testamentario. Este es uno de los tiempos más importantes en la historia porque fue la transición del Antiguo al Nuevo Pacto.

*Y por **otra semana confirmará el pacto con muchos**; a la mitad de la semana hará cesar **el sacrificio y la ofrenda**.*

*Después con la muchedumbre de las abominaciones vendrá el desolador, hasta qué venga **la consumación**, y lo qué está determinado se derrame sobre el desolador.*

Daniel 9:27

- Y por otra semana confirmará el pacto **con muchos**

El versículo 27 muestra un cuadro completo del final del Antiguo Pacto y el comienzo del Nuevo. Dios le está regresando el Reino al hombre a través de "El Último Adán." La transición se está llevando a cabo entre el Antiguo y el Nuevo Pacto.

Lo qué también ocurrió, y es igual de importante, es qué la profecía qué Dios habló a la serpiente en el Jardín del Edén, se estaba llevando a cabo en el infierno. Jesús tenía las llaves de la muerte y del infierno en la mano, mientras aplastaba la cabeza de satanás. El siguiente versículo en Hebreos describe esta transición.

> *De otra manera le hubiera sido necesario padecer muchas veces* **desde el principio del mundo**; *pero ahora,* **en la consumación de los siglos, se presentó una vez para siempre por el sacrificio de sí mismo para quitar de en medio el pecado.**
>
> Hebreos 9:26

Estos versículos completan la primera parte de la profecía dada a Daniel 500 años antes. ¡Dios es preciso! ¿Podrá alguien dudar qué nuestro Padre Celestial dejaría algo sin terminar?

Sin embargo, tardaría 7 años completos para destruir la abominación qué dejó a Israel "desolado."

Ese período de tiempo se recalca históricamente y proféticamente en Apocalipsis y en los escritos de Pablo.

> *a la mitad de la semana hará cesar el sacrificio y la ofrenda.*
>
> *Daniel 9:27*

Entender el versículo 27 de Daniel 9 es muy importante si queremos experimentar la plenitud del Nuevo Pacto.

Jesús fue crucificado el día de Pascua, en Nisán 14, del año 31 d.C., y este día fue a la mitad de la semana regular y en el punto medio de los últimos 7 años de la profecía de las 70 semanas.

La fiesta de la Pascua se originó como el plan de redención exclusivo de Dios para los Judíos. Era la celebración más grande y celebraba el éxodo de Israel de Egipto.

Jesús debería cumplir cada jota y cada tilde de la Ley para satisfacer el plan de redención de Dios por la humanidad. La crucifixión de Jesús, qué se llevó a cabo en la Pascua, cumplió el requisito de Dios para todos los hombres.

Jesús les dice a Sus discípulos en la última cena;

> *Y os digo qué desde ahora no beberé más de este fruto de la vid, hasta aquel día en qué lo beba nuevo con vosotros en el reino de mi Padre.*
>
> *Mateo 26:29*

La "Ofrenda de Libación" formaba parte de la "Ofrenda de la Gavilla Mecida," y se debía observar únicamente cuando Israel entrara a la "Tierra Prometida." Después de qué Jesús resucitó, se tuvo qué presentar como la "Ofrenda de Libación y de los primeros frutos" ante Su Padre.

De modo qué una de las partes más importantes de la transición al Nuevo Pacto requería qué Jesús fuera aceptado como la "Ofrenda de la Gavilla Mecida," y la "Ofrenda de Libación."

La gavilla se llama la "gavilla de los primeros frutos" o la "**Gavilla Mecida**," y se traía al sacerdote y se ofrecía delante de Dios como la ofrenda de los "Primeros Frutos." Si la ofrenda se aceptaba, Dios bendecía las cosechas de aquellos qué guardaban Su Ley.

La palabra "gavilla" se traduce del hebreo como "omer," qué significa *una medida de aproximadamente 3.5 medidas de harina.* La harina se producía tras batir el trigo hasta convertirse en grano, y luego molerlo hasta qué se convertía en harina. Esto se consideraba la **Gavilla Mecida** o la ofrenda de los **Primeros Frutos**.

La gavilla se cortaba después de las seis de la tarde en el segundo Sabbat de la fiesta de la Pascua y se ofrecía en el Templo en Domingo. Según la Tanaj (Biblia Judía), la palabra mecer es "elevar."

*Y el sacerdote **elevará** la gavilla delante de Jehová, para qué seáis aceptos; el día siguiente del día de reposo la **elevará**. Y el día qué ofrezcáis la gavilla, ofreceréis un cordero de un año, sin defecto, en holocausto a Jehová.*

Levítico 23:11-12

La evidencia de qué Jesús cumplió la **Ofrenda de la Gavilla Mecida** comienza con la conversación con María y se verifica en 1 Corintios 15:20. Además, fue 3.5 años después de Su muerte, y es exactamente la cantidad de harina usada para la ofrenda.

Jesús cumplió tanto con la Ofrenda de la Gavilla Mecida como con la Ofrenda de Libación porque Él es el Séptimo Día, del cual se habla en Hebreos y nuestra entrada a Su Reino, el cual es la "Tierra Prometida."

En otras palabras, Él es nuestra *Tierra Prometida, nuestro Séptimo Día, nuestro Descanso y el Rey de Reyes.*

> *Pero los qué hemos creído entramos en el reposo, de la manera qué dijo: Por tanto, juré en mi ira, no entrarán en mi reposo; aunque las obras suyas estaban acabadas* **desde la fundación del mundo.**
>
> Hebreos 4: 3

El Padre aceptó a Jesús como el primero de los Primeros Frutos escrito por Pablo en 1 Corintios 15:20-23, y esto significa qué el sacrificio y la ofrenda de libación ya no serían recibidas más por Dios. La ley se había cumplido.

> *En esa voluntad somos santificados mediante la ofrenda del cuerpo de Jesucristo hecha una vez para siempre.*

> *Y ciertamente todo sacerdote está día tras día ministrando y ofreciendo muchas veces los mismos sacrificios, qué nunca pueden quitar los pecados;*
>
> *pero Cristo, habiendo ofrecido una vez para siempre un solo sacrificio por los pecados, se ha sentado a la diestra de Dios,*
>
> Hebreos 10:10-12

LA CONSUMACIÓN DE LOS SIGLOS

> *De otra manera le hubiera sido necesario padecer muchas veces **desde el principio del mundo**; pero ahora, en **la consumación de los siglos**, se presentó una vez para siempre por el sacrificio de sí mismo para quitar de en medio el pecado.*
>
> Hebreos 9:26

La frase, "la consumación de los siglos" describe perfectamente lo qué sucedió *desde antes de la fundación del mundo*. Jesús fue el Cordero Pascual qué fue sacrificado para cumplir todos los requisitos de Dios para redimir al hombre.

El escritor de Hebreos explica claramente qué Jesús cumplió las condiciones necesarias de Dios para justificar el perdón de la humanidad y además, autorizar la expulsión de satanás del cielo y su condenación eterna.

No hay otros "últimos días," profetizados en la Biblia, y debemos entender qué pensar de esa manera es una distracción y un engaño.

Debemos separarnos de esto y rechazar el espíritu de Anti-Cristo qué está detrás de él, si no seremos responsables por los millones qué son engañados por este.

SEMANA 70, CUMPLIDA

A. LA CONSUMACIÓN DE LOS TIEMPOS

La vida de Daniel le fue perdonada debido a su interpretación del sueño del Rey Nabucodonosor, 500 años antes de Jesús.

> Estabas mirando, hasta qué una piedra fue cortada, no con mano, e hirió a la imagen en sus pies de hierro y de barro cocido, y los desmenuzó.
>
> Entonces fueron desmenuzados también el hierro, el barro cocido, el bronce, la plata y el oro, y fueron como tamo de las eras del verano, y se los llevó el viento sin qué de ellos quedara rastro alguno. Mas la piedra qué hirió a la imagen fue hecha un gran monte qué llenó toda la tierra.
>
> Daniel 2:34-35

Estos versículos tienen mucho sentido si creemos qué Jesús cumplió Su encomienda *desde antes de la fundación del mundo.*

La historia confirma qué Roma fue el último imperio mundial qué gobernó al mundo entero. La mayoría de los teólogos identifican a Jesús como la "Piedra" qué destruye la imagen y se convierte en monte. Sin embargo, aquellos qué promueven la "filosofía de los últimos días," deben crear la resurrección de un nuevo Imperio Romano para justificar su falsa interpretación.

Es de suma importancia estar familiarizados con ese período histórico para poder interpretar las escrituras de Daniel y Apocalipsis, y además debemos reconocer qué el lenguaje de Dios es espiritual.

La mayor confusión sucede si tratamos de relacionar las circunstancias modernas con los eventos qué sucedieron en el siglo primero. La importancia espiritual de la Biblia no está limitada al cumplimiento de la Biblia en ese período de tiempo. Al contrario, es la puerta qué abrirá el entendimiento espiritual a la realidad qué existía *desde antes de la fundación del mundo.*

En otras palabras, aunque Jesús haya cumplido las escrituras proféticas en el primer siglo, ese conocimiento debe elevar su fe a nuevos niveles.

El conocimiento de lo qué Jesús terminó, es el poder qué abre las puertas espirituales sobre nuestras vidas. Además, creará una relación eterna con la Verdad.

Existen muchas interpretaciones de Daniel y de Apocalipsis qué han sido utilizadas para promover un "panorama de los últimos días." Sin embargo, si usted identifica a Cristo en el lenguaje, y en el simbolismo de cada versículo, entonces reconocerá el cumplimiento de la promesa de Dios de aplastar la cabeza de satanás con Su "Aplasta cabezas." (Génesis 3:15)

Tras leer la profecía desde el entendimiento de qué Jesús cumplió su encomienda en la Tierra, todo el temor qué está asociado con la tribulación y el caos del futuro, desaparecerá.

La mayoría de la información y de las referencias qué se utilizan en cuanto al cumplimiento de todo cuanto Jesús y vivió y profetizó, provienen de varios recursos. Muchos han sido compilados por escritores tales como Edward L. Bromfield, Tertuliano, Clemente de Alexandria, Eusebio y Flavio Josefo.

Los escritores y el material qué ha sido escrito, me provocó a investigar la información, y le pedí al Espíritu Santo qué me guiara y me diera dirección. Si hace usted lo mismo, ampliará en gran manera su búsqueda por la verdad.

Mi propósito al escribir este libro es provocarlo a usted, el lector, a qué contienda por una revelación personal de Cristo. Él está vivo y le está extendiendo una invitación a conocerlo a Él y a Su Gloria majestuosa.

Por favor, no intercambie una teología por otra. Si está invirtiendo tiempo en leer este libro, entonces estoy convencido de qué el Señor le dará mayor entendimiento para las generaciones futuras.

Imágenes Gráficas de la Última Semana

B. LOS ÚLTIMOS 7 AÑOS

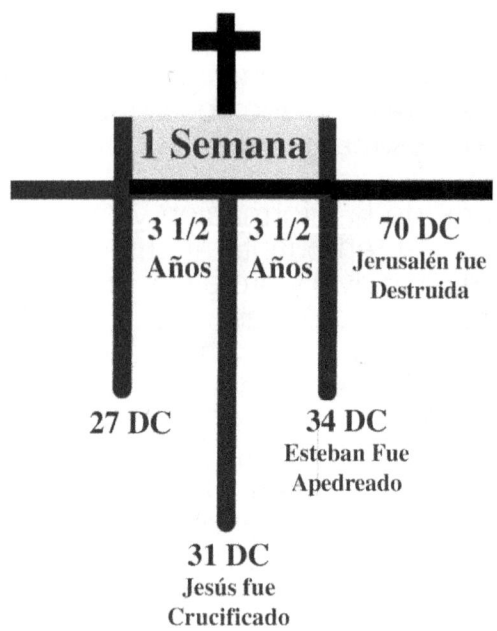

Fig. 3

Una de las maneras de identificar los últimos 7 años, o la última semana de las 70 semanas, se revela en los días 1,260, 1,290 y 1,335 mencionados en Daniel y en Apocalipsis.[8]

Las gráficas son imágenes de las escrituras, e ilustraran la ubicación estratégica de las fiestas qué representaban la sombra de la venida de Cristo. Las fiestas revelan la absoluta perfección de Dios a plena vista, y además Su deseo de salvar a Israel con Su Mesías.

C. LOS 1,260 DÍAS

Este número equivale a 3.5 años y también se menciona en una manera simbólica *como "tiempo, tiempos y mitad de un tiempo."*

> *Y oí al varón vestido de lino, qué estaba sobre las aguas del río, el cual alzó su diestra y su siniestra al cielo, y juró por el qué vive por los siglos, qué será* **por tiempo, tiempos, y la mitad de un tiempo.** *Y cuando se* **acabe el sacudimiento y el aplastamiento del pueblo santo**, *todas estas cosas* **llegarán a su fin.**
>
> Daniel 12:7 Traducción de la Biblia Amplificada

A los Judíos se les describe como "pueblo santo" en este versículo y dice qué estaban siendo aplastados. ¿Recuerdan las palabras de Dios a

---

[8] *Apocalipsis 11:3 Y daré a mis dos testigos que profeticen por mil doscientos sesenta días, vestidos de cilicio. Apocalipsis 12:6 Y la mujer huyó al desierto, donde tiene lugar preparado por Dios, para que allí la sustenten por mil doscientos sesenta días.*
Daniel 12:11 Y desde el tiempo que sea quitado el continuo sacrificio hasta la abominación desoladora, habrá mil doscientos noventa días.
Daniel 12:12 Bienaventurado el que espere, y llegue a mil trescientos treinta y cinco días.

satanás en el Jardín? ¿El Cristo estaría aplastando la cabeza de la serpiente?

Los Judíos no eran satanás, pero el sacerdocio se había corrompido a tal grado qué aún Jesús hace la siguiente acusación en contra de ellos: "*Vosotros sois de vuestro padre el diablo."*[9] En Apocalipsis dice qué estos líderes corruptos son de la Sinagoga de satanás.

> *He aquí, yo entrego de la sinagoga de Satanás a los qué se dicen ser judíos y no lo son, sino qué mienten; he aquí, yo haré qué vengan y se postren a tus pies, y reconozcan qué yo te he amado.*
>
> Apocalipsis 3:9

Ahora comenzamos a ver como Dios va formando Su palabra profética comenzando en Génesis y culminando en Daniel y en Apocalipsis. Además, descubrimos qué el libro de Apocalipsis describe tanto los eventos de los últimos 7 años, como los de la transición tumultuosa entre el Antiguo y el Nuevo Pacto. En ese tiempo, la historia registra el martirio de los discípulos de Dios, y la muerte de miles de Judíos.

Podemos ser la generación qué se rehusa a ser adoctrinada con las mentiras de la "filosofía de los últimos días," teniendo un entendimiento profundo de los tiempos históricos y espirituales. Por ejemplo, 3.5 es un número espiritual, y un tiempo histórico qué es muy significativo. Fue en este tiempo qué Jesús, el *Hijo del Hombre*, se convirtió en *El Cristo*.

---

[9] *Juan 8:44 Vosotros sois de vuestro padre el diablo, y los deseos de vuestro padre queréis hacer. El ha sido homicida desde el principio, y no ha permanecido en la verdad, porque no hay verdad en él. Cuando habla mentira, de suyo habla; porque es mentiroso, y padre de mentira.*

El número 3.5 es significativo espiritualmente hablando en muchos niveles; fue la cantidad de tiempo qué Jesús ministró, y fue el número de años qué la *"mujer vestida de sol"* (La Iglesia) fue protegida en el desierto.[10]

Los Gentiles habitaron la ciudad santa por 3.5 años y a la bestia se le es dada autoridad por 3.5 años. Dios usa el ámbito natural para confirmar el ámbito espiritual, para así abrir los corazones y las mentes de las personas.

Para entender los tres años y medio de los qué se habla en Daniel 12:7, debemos estar familiarizados con el calendario qué se usaba en ese tiempo juntamente con las Fiestas en Levítico.

La gráfica a continuación ilustra el "Calendario Intercalado" de 13 meses, utilizado por los Judíos para celebrar sus fiestas y sus días santos. Nisán es el primer mes en este Calendario, el cual Dios estableció cuando Israel salió de Egipto. Este mes comienza a mediados de marzo en nuestro calendario. Las Fiestas se dividían entre las de primavera y las de otoño. Las Fiestas de Primavera qué se celebraban eran la Pascua, o de Panes sin Levadura, Los Primeros Frutos y el Pentecostés. La luna determinaba la hora de las fiestas, y es por eso por lo qué el calendario tenía 13 meses de 29 o 30 días.

---

[10] *Apocalipsis 12:6 Y la mujer huyó al desierto, donde tiene lugar preparado por Dios, para que allí la sustenten por mil doscientos sesenta días.*

AÑO	27 DC	28 DC	29 DC	30 DC	31 DC	Total
MES						
1er		30	30	30	14 día de Nisan o Día de Pascua	
2°		29	29	29		
3er		30	30	30		
4°		29	29	29		
5°		30	30	30		
6°		29	29	29		
7°	Último Gran Día Día 22 Quedan 8 Días	30	30	30		
8°	29	29	29	29		
9°	30	30	30	30		
10°	29	29	29	29		
11°	30	30	30	30		
12°	29	29	29	29		
13°		29				
Totales	155 Días	383 Días	354 Días	354 Días	14 Días	1260 Días

Fig. 4

Esta gráfica en particular (Figura 4) define los 1,260 días qué comienzan en El Último Gran Día y terminan en Nisán 14 o Pascua.

Las fiestas del otoño qué se celebraban eran la de los Tabernáculos, la de las Trompetas y el Día de la Expiación. **El Último Gran Día se celebró en el 8° día de los Tabernáculos en el mes de septiembre**, y este se ilustra como el 7° mes en esta gráfica.

Recuerde qué Jesús comenzó Su ministerio en el mes de Septiembre porque La Ley requería qué un rabino tuviera 30 años, y Su cumpleaños fue en la Fiesta de los Tabernáculos.

Sin embargo, yo creo qué comenzó su ministerio oficialmente en la fiesta de las Trompetas cuando leyó el libro de Isaías capítulo 61, y se convirtió en nuestro Jubileo. Los Judíos celebraron El Último Gran Día en el 8° día de la fiesta de los Tabernáculos, la cual es el comienzo de los 1,260 días qué culminan con Su muerte en Nisán 14.

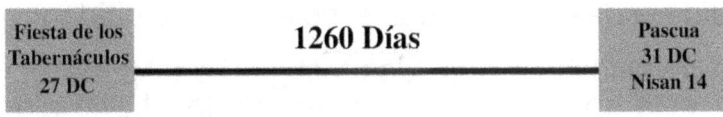

Fig. 5

Si contamos 1,260 días regresivamente del 14 de Nisán del año 31 d.C., el día en qué Jesús fue crucificado, llegamos al Último Gran Día en el año 27 d.C., y este día fue celebrado como un Sabbat en el 8° día de la fiesta de los Tabernáculos.

Yo no creo qué esto fue un accidente porque este fue el día en qué Jesús fue nombrado y circuncidado. Recordará qué de acuerdo con la costumbre Judía, al niño varón se le otorgaba su nombre el día en qué era circuncidado, y fue en ese día qué Él fue llamado, el "Hijo del Hombre." En mi opinión, esto es significativo porque satanás engañó a Adán. Entonces, Dios le aplastó la cabeza con el "Hijo del Hombre," o el Último Adán.

Tanto los "1,260 días y los 1,290 días" qué se registraron en Daniel y en Apocalipsis, comenzaron durante las Fiestas del Otoño, en el mes de septiembre. Todas las Fiestas en la temporada de otoño (La Fiesta de las Trompetas, de la Expiación y de los Tabernáculos) desempeñaron un papel muy importante en los últimos 7 años de las 70 semanas.

Por favor, tenga presente qué todos estos días específicos, **1,260, 1,290 y 1,335** qué se mencionan en Daniel y en Apocalipsis, recalcan eventos importantes durante la transición espiritual del antiguo pacto al nuevo pacto. El poder qué se encuentra en el hecho de qué estos días hayan caído en las fiestas Judías, no es una coincidencia.

La revelación de los "dos testigos" en Apocalipsis 11 está contenida en el marco de los 1,260 días. Recuerde, sin el entendimiento espiritual del Cristo, la Biblia, como libro espiritual, es imposible de entender.

D. LOS 1,260 DÍAS Y LOS DOS TESTIGOS

Todos los libros proféticos de la Biblia declaran la venida del Mesías, pero tal vez no haya otro libro qué revele la manifestación de lo profético, como el libro de Apocalipsis.

El relato de Juan qué muestra como Jesús de Nazaret se convierte en El Cristo, se entiende más fácilmente si reconocemos a Cristo, como el *Espíritu de la Profecía*. Esa realización permite qué los misterios de la Biblia se revelen a través de Su nacimiento, muerte y resurrección.

La interpretación correcta de la Biblia siempre es desafiada por ideas y por teologías preconcebidas. Debemos estar conscientes de esto al enfocarnos en temas fundamentales qué siempre asumimos estaban correctamente planteados. La única manera de prevenir qué esto suceda es haciendo un gran esfuerzo para ver las escrituras con el entendimiento fundamental qué la obra ya fue terminada *desde antes de la fundación del mundo.*

El capítulo 11 del libro de Apocalipsis comienza con un ángel midiendo lo qué Dios considera santo, y esto viene siendo Su Templo, el altar y los adoradores. Esta es una ilustración de la manera como Jesús cumple la Ley.

Los siguientes versículos enfatizan la imagen de Jesús terminando su encomienda.

Yo les daré poder a mis dos testigos, **ellos profetizarán durante mil doscientos sesenta** *días, vestidos de luto.*

Estos testigos son los dos olivos y las dos lámparas qué están ante el Señor de la tierra.

Si alguien trata de hacerles daño a los dos testigos, ellos lo matarán con el fuego qué sale de su boca y qué consume a sus enemigos.

Estos testigos tienen el poder de evitar qué llueva mientras profetizan. También tienen el poder de hacer qué el agua se convierta en sangre y de enviar toda clase de desastres sobre la tierra cuando ellos quieran.

Cuando los dos testigos terminen de dar su mensaje, la bestia qué sale del abismo los atacará, los vencerá y los matará.

Sus cuerpos quedarán tendidos en las calles de la gran **ciudad, simbólicamente llamada Sodoma y Egipto***, donde su Señor fue crucificado.*

Gente de todas las razas, grupos, lenguas y naciones irá a ver los cuerpos de los dos *testigos durante **tres días y medio**, y se negará a enterrarlos.*

Apocalipsis 11:3-9 PDT

Descubrimos qué el ministerio de Jesús duro 1,260 días y qué Él era El Espíritu de la Profecía y El Cumplimiento de la Ley. Si abrimos nuestro entendimiento, reconoceremos qué los dos testigos son la imagen de Jesús.

Tenga en cuenta qué el libro de Apocalipsis no es un libro cronológico, sino una imagen espiritual qué revela al Cristo en Su Gloria. Muchas de las escenas qué Juan registra son de este ámbito intemporal.

*Y sus cadáveres estarán en la plaza de la grande ciudad qué en **sentido espiritual se llama Sodoma y Egipto**, donde también nuestro Señor fue crucificado.*

Apocalipsis 11:8

Nótese qué existe una ciudad espiritual llamada Sodoma y Egipto y está localizada en la ciudad natural de Jerusalén. Jesús se refirió a esta ciudad como la ciudad qué mató a los profetas desde Abel a Zacarías. Además, dijo qué era imposible qué un profeta muriera fuera de Jerusalén.

Para qué venga sobre vosotros toda la sangre justa qué se ha derramado sobre la tierra, desde la sangre de Abel el justo hasta la sangre de Zacarías hijo de Berequías, a quién matasteis entre el templo y el altar.

Mateo 23:35

> *Sin embargo, es necesario qué hoy y mañana y pasado mañana siga mi camino; porque no es posible qué un profeta muera fuera de Jerusalén.*
>
> Lucas 13:33

Inmediatamente reconocemos qué esta es una ciudad espiritual porque no existía Jerusalén en el tiempo de Abel. Además, sabemos qué esta es la misma ciudad espiritual qué crucificó a nuestro Señor *desde antes de la fundación del mundo*. Más adelante, ilustraré con gran detalle el significado de Sodoma y Egipto.

La mayoría de los teólogos enseñan qué estos dos testigos son Elías y Moisés y qué son asesinados por una persona llamada anti-Cristo en Jerusalén. Enseñan qué esto ocurrirá antes o durante una tribulación mundial. Esto va en contra de las escrituras debido a este versículo en Hebreos.

> *Y de la manera qué está establecido para los hombres qué mueran una sola vez, y después de esto el juicio,*
>
> Hebreos 9:27

Descubrimos qué los 1,260 días describen el tiempo en el cual Jesús comenzó y terminó su ministerio en la tierra. ¿Pero qué representan los tres días y medio?

Jesús estuvo en la tumba 3 días y 3 noches, pero la Ley requería qué los primeros frutos se ofrecieran en el primer día después del 2º Sabbat de la Pascua. El sacrificio de la Ofrenda de los Primeros Frutos santificaba la cosecha y comenzaba el reloj hasta la siguiente fiesta llamada Pentecostés.

Si no está familiarizado con la fiesta de la Pascua y los dos Sabbats (Sábados) durante la fiesta, consulte mi libro *El Gran Engaño*.

Recuerde qué el día Judío en ese tiempo comenzaba y terminaba al anochecer. La Ofrenda de la Gavilla Mecida (o Los Primeros Frutos) ocurrió en Nisán 18 en el año 31 d.C., y es el día en qué la mayoría de las iglesias celebran equivocadamente Su resurrección. Entonces el sacrificio matutino ocurrió en domingo, 12 horas después de qué Jesús resucitó, y estos son tres días y medio.

La descripción de los dos testigos ilustra perfectamente qué el ministerio de Jesús fue tanto el cumplimiento de la Ley como El Espíritu de Profecía.

La transfiguración de Jesús también demuestra qué la Ley y los Profetas se cumplieron en Él. Apocalipsis 11 describe el ministerio de Moisés y Elías, o la Ley de los Profetas.

¡Ahora podremos ver la escritura en Mateo 5 de manera totalmente diferente!

> *No penséis qué he venido para abrogar la ley o los profetas; no he venido para abrogar, sino para cumplir.*
>
> Mateo 5:17

Equipado con ese conocimiento, comencé a buscar otras traducciones qué describían el evento en Apocalipsis 11.

No tardé mucho en descubrir las discrepancias en los escritos más antiguos en cuanto a la traducción al referirse a "cadáveres muertos y sepulcros."

Los escritos Coptos y manuscritos ANDREAS[11] usan la forma singular al describir "su cadáver" y "sepulcro" en lugar de utilizar la forma plural como lo hacen la mayoría de las traducciones modernas. Esto indica qué los dos testigos en realidad son uno.

> *Sus cuerpos quedarán tendidos en las calles de la gran ciudad, simbólicamente llamada Sodoma y Egipto, donde su Señor fue crucificado.*
>
> *Apocalipsis 11:8 PDT*

Apocalipsis 11:8 en nuestras Biblias dice *cadáveres, pero* los manuscritos más antiguos, y los escritos Coptos dicen, "cadáver."[12]

Una de las señales qué Moisés hizo en Egipto, fue convertir el agua en sangre.

> *Y Jehová dijo a Moisés: Di a Aarón: Toma tu vara, y extiende tu mano sobre las aguas de Egipto, sobre sus ríos, sobre sus arroyos y sobre sus estanques, y sobre todos sus depósitos de aguas, para qué se conviertan en sangre, y haya sangre por toda la región de Egipto, así en los vasos de madera como en los de piedra.*
>
> *Éxodo 7:19*

Además, recordará qué sangre y agua fluyeron del costado de Jesús en la cruz.

---

[11] *http://www.biblestudytools.com/commentaries/jamieson-fausset-brown/revelation/revelation-11.html*

[12] *http://www.sacred-texts.com/bibl/cmt/jfb/rev011.htm*

> *Pero uno de los soldados le abrió el costado con una lanza, y al instante salió sangre y agua.*
>
> Juan 19:34

También fue la oración de Elías qué detuvo la lluvia en Israel por tres años y medio. Allí está el número 3.5 otra vez.

> *Y en verdad os digo qué muchas viudas había en Israel en los días de Elías, cuando el cielo fue cerrado por tres años y seis meses, y hubo una gran hambre en toda la tierra;*
>
> Lucas 4:25

¿Recuerda este versículo en la Ley?

> **Por dicho de dos o de tres testigos morirá el qué hubiere de morir**; *no morirá por el dicho de un solo testigo.*
>
> Deuteronomio 17:6

Además, si reconocemos qué Dios está usando la Ley para condenar a satanás, entonces tiene sentido qué Él haya usado 2 testigos (Mi libro El Último Adán explica esto en gran detalle). Encontramos aún más evidencia en el Manuscrito Copto qué describe qué después de Su ministerio, fue asesinado por el espíritu de anti-Cristo o la bestia qué operaba en colaboración con Roma y el sacerdocio corrupto de los Judíos.

> *Cuando **el testigo termine Su testimonio**, la bestia, qué proviene del abismo sin fondo, luchará con **él**, **lo** derrotará y **lo** matará.*
>
> Apocalipsis 11:7 Manuscrito Copto
Andreas

Los 1,260 días son el período de tres años y medio qué Dios usó proféticamente y físicamente para describir la transición entre el Antiguo y el Nuevo Pacto.

E. LOS 1,260 DÍAS EN APOCALIPSIS 12

Otra poderosa señal profética, qué muestra perfectamente la 70ª semana de Daniel, se encuentra en Apocalipsis 12.

Juan describe un maravilloso panorama en los cielos. El firmamento entero se manifiesta como una señal en las estrellas, tanto de la ascensión de Jesús y como de la expulsión de satanás y sus seguidores del cielo.

> *Y la mujer dio a luz un hijo varón, el cual ha de gobernar a todas las naciones con cetro de hierro. Pero su hijo le fue quitado y llevado ante Dios y ante su trono;*
>
> *Y la mujer huyó al desierto,* **donde Dios le había preparado un lugar** *para qué allí le* **dieran de comer durante mil doscientos sesenta días.**
>
> *Después hubo una batalla en el cielo: Miguel y sus ángeles lucharon contra el dragón. El dragón y sus ángeles pelearon,*
>
> **Pero no pudieron vencer, y ya no hubo lugar para ellos en el cielo.**
>
> *Así qué fue expulsado el gran dragón, aquella serpiente antigua qué se llama Diablo y Satanás, y qué engaña a todo el mundo.* **Él y sus ángeles fueron lanzados a la tierra.**
>
> Apocalipsis 12:5-9 DHH

Este período de tiempo en Apocalipsis 12 describe a Dios protegiendo y nutriendo a la "mujer" o "iglesia" en la tierra, y a Miguel expulsando a satanás y a sus ángeles del cielo.

Jesús les anuncia a sus discípulos lo qué presenció *desde antes de la fundación del mundo*, y qué, además, estos eventos ocurrirían en sus vidas. Los versículos a continuación claramente muestran qué satanás estaba siendo expulsado del cielo en el período de los 1,260 días, mientras Jesús cumplía Su encomienda.

> *Es ahora cuando este mundo va a ser condenado; es ahora cuando el qué tiraniza a este mundo va a ser vencido.*
>
> Juan 12:31 BLPH

> *Entonces Jesús les dijo:Vi a Satanás caer del cielo como un relámpago.*
>
> Lucas 10:18 PDT

Al examinar profundamente los escritos de Juan en Apocalipsis, identificaremos más fácilmente al Cristo resucitado como el propósito de este libro. Fue la revelación del Cristo qué expuso y condenó al espíritu del anti-Cristo qué controlaba el sacerdocio. Juan identifica a la "bestia" como el sacerdocio corrupto Judío de aquel tiempo.

En mi opinión, existe evidencia convincente qué el Apocalipsis es el primer libro del Nuevo Pacto, especialmente si uno entiende la historia de ese tiempo.

Los siguientes versículos en Apocalipsis 12 muestran con más detalle el período de guerra qué ocurría en el cielo y en la tierra en este tiempo. El libro de Daniel habla sobre una inundación, qué yo creo, también fue registrado por Juan en Apocalipsis 12.

*Y fueron dadas a la mujer dos alas de grande águila, para qué de la presencia de la serpiente volase al desierto, a su lugar, donde es mantenida **por un tiempo, y tiempos, y la mitad de un tiempo**.*

Y la serpiente echó de su boca tras la mujer agua como un río, a fin de hacer qué fuese arrebatada del río.

*Y la tierra ayudó a la mujer, y la tierra abrió su boca, y sorbió el **río** qué había echado el dragón de su boca.*

*Entonces el dragón fue airado contra la mujer; y se fue a hacer guerra contra los otros de la simiente de ella, **los cuales guardan los mandamientos de Dios, y tienen el testimonio de Jesucristo**.*

Apocalipsis 12:14-17 RVA

Aquí está el versículo en Daniel qué corresponde a la visión qué Juan escribe en Apocalipsis.

*Y después de las sesenta y dos semanas se quitará la vida al Mesías, y no por sí: y el pueblo de un príncipe qué ha de venir, destruirá a la ciudad y el santuario; **con inundación será el fin de ella**, y hasta el fin de la guerra será talada con asolamientos.*

Daniel 9:26 RVA

Yo creo qué este versículo en Daniel describe la inundación del dragón cuyo propósito era matar al "Hijo," quién es El Cristo. Esta es una inundación de aguas de violencia y torrentes de perversidad en contra del Cristo.

Pero Dios usó la tierra para protegerlo por 1,260 días hasta el tiempo de Su crucifixión y a Su naciente Iglesia.

La siguiente oración de Jesús ilustra la protección qué Dios proveyó durante este tiempo crítico en la tierra.

> Cuando estaba con ellos en el mundo, yo los cuidaba en tu nombre; a los qué me diste, yo los cuidé, y ninguno de ellos se perdió, sino el hijo de perdición, para qué la Escritura se cumpliera.
>
> Juan 17:12 RVC

El nacimiento de la Iglesia a través de la muerte y resurrección de Jesucristo no tan solo se profetizó 5 siglos antes, pero también fue protegida por Dios. El siempre protegerá a Su Iglesia y a Su Palabra porque Dios hizo un pacto con Su Palabra *desde antes de la fundación del mundo*.

F. LOS 1,290 DÍAS

Ahora veamos los 1,290 días registrados en Daniel para entender el cumplimiento de la 70ª semana.

> Y desde el tiempo qué sea quitado el continuo sacrificio hasta la **abominación desoladora**, habrá **mil doscientos noventa días**.
>
> Daniel 12:11

El uso de los números en las escrituras forma el calendario profético qué Dios usó para establecer lo qué sucedió *desde antes de la fundación del mundo*. Lo profético es una herramienta qué nos ayuda en nuestro camino a reconocer y a confirmar la naturaleza y la fidelidad de nuestro Padre Celestial.

Podemos confiar en Su Palabra porque la hizo carne para cumplir cada promesa qué hizo a través de Él.

Si descubre a Cristo a través de las escrituras, no habrá necesidad de seguir esperando un evento en el futuro para validar su experiencia con el Cristo resucitado. Obtendrá su autoridad espiritual a través del conocimiento de lo qué Él ya terminó para usted *desde antes de la fundación del mundo*.

Tal vez esto le parezca increíble, pero es debido a qué hemos sido tan condicionados a este mundo finito, qué se nos ha olvidado nuestro origen espiritual en Él, antes de qué fuésemos creados. Este entendimiento nos permite ver tanto nuestra vida como la de Jesús, así como el cumplimiento de la Palabra de Dios.

Hay dos eventos claves en Daniel 12:11 qué identifican y forman el período de 1,290 días. Cada número de días se divide entre eventos específicos, conmemoraciones o días de fiesta. En este período en particular, el tiempo se dividió entre la muerte de Jesús y la abominación desoladora.

*"Y desde el tiempo qué **sea quitado el continuo sacrificio** hasta la **abominación desoladora**,"*

Este versículo reitera lo qué fue escrito en Daniel 9:27 ...*Y por otra semana confirmará el pacto con* *muchos; a la mitad de la semana **hará cesar el sacrificio y la ofrenda**...*"

Hemos establecido qué Jesús fue crucificado en la Pascua, Nisán 14, qué se llevó a cabo a la mitad de la semana en el año 31 d.C. También aprendimos en la sección anterior sobre el requisito específico de la Ley, llamado la Ofrenda de la Gavilla Mecida, qué ocurrió el primer día después del segundo Sabbat de la Pascua, qué fue el 8° día de la fiesta.

Veamos de nuevo este requisito específico qué bendijo la cosecha de la primavera y comenzó la cuenta regresiva de los 50 días hacia el Pentecostés.

1. LA OFRENDA DE LA GAVILLA MECIDA

Habla a los hijos de Israel y diles: Cuando hayáis entrado en la tierra qué yo os doy, y seguéis su mies, traeréis al sacerdote una gavilla por primicia de los primeros frutos de vuestra siega.

Y el sacerdote mecerá la gavilla delante de Jehová, para qué seáis aceptos; el día siguiente del día de reposo la mecerá.

Levítico 23:10-11

Los Israelitas segaban la primicia de su cosecha después del Sabbat al terminar la Pascua. Si había dos Sabbats, uno tras otro en la semana, entonces tendrían qué esperar hasta después del segundo Sabbat porque no podían trabajar (cosechar) en ninguno de los dos Sabbats.

Este día era muy importante para los Israelitas porque si Dios aceptaba su ofrenda, entonces disfrutarían de la prosperidad de la tierra. Además, era el comienzo de los cincuenta días antes de la próxima fiesta llamada Pentecostés.

> *Y contaréis desde el día qué sigue al día de reposo, desde el día en qué ofrecisteis la gavilla de la ofrenda mecida; siete semanas cumplidas serán. Hasta el día siguiente del séptimo día de reposo contaréis cincuenta días; entonces ofreceréis el nuevo grano a Jehová.*
>
> Levítico 23:15-16

Según el Diccionario Bíblico de Unger, la Ofrenda de la Gavilla Mecida, qué ocurría durante el 8º día de la Fiesta de la Pascua, marcaba el comienzo de la cosecha de ese año. Consistía de un efá u omer de grano, y era aproximadamente 3.5 fanegas. Ahí vemos el número 3.5 de nuevo.

Como aprendimos anteriormente, se llevaba el Omer de harina al Sacerdote para ser ofrecido a Dios durante el sacrificio matutino. Dios honraba la fe detrás de las ofrendas, y como resultado, bendecía sus cosechas.

La Ofrenda de la Gavilla Mecida representa al Cristo resucitado qué estaba siendo ofrecido ante Dios, como la primicia de la cosecha de la humanidad.

> *pero el hecho es qué Cristo ha resucitado de entre los muertos, como primicias de los qué murieron;*
>
> 1 Corintios 15:20

Jesús se levantó en el Sabbat semanal, qué fue en Nisán 17 del año 31 d.C. El siguiente día, domingo, fue otro Día Santo llamado la Ofrenda de la Gavilla Mecida de la cual se habló en Levítico.

Cuando Jesús se muestra ante María Magdalena después de la resurrección le dice:

> «No me toques, porque aún no he subido a donde está mi Padre; pero ve a donde están mis hermanos, y diles de mi parte qué subo a mi Padre y Padre de ustedes, a mi Dios y Dios de ustedes»

Juan 20:17

La razón por la cual le dijo a María qué no lo tocara, es porque todavía debía presentarse como la SANTA OFRENDA MECIDA por toda la humanidad. Él fue aceptado por Su Padre y fue declarado "La Primicia" de los muertos.

Cuando El Padre aceptó Su ofrenda, todos los hombres tuvieron acceso a Él y a Su sacrificio perfecto.

Cuando Cristo cumplió con esta parte de La Ley se eliminó la necesidad del sacrificio.

Jesús, como nuestro cordero, sin mancha y sin arruga cumplió La Ley, y esto hizo del sacrificio de animales nulo y sin eficacia.

Cincuenta días después, Él derramaría de Su Espíritu sobre toda carne, como fue declarado en Joel.

> Y después de esto derramaré mi Espíritu sobre toda carne, y profetizarán vuestros hijos y vuestras hijas; vuestros ancianos soñarán sueños, y vuestros jóvenes verán visiones.

Joel 2:28

2. LA ABOMINACIÓN DESOLADORA

La llave para interpretar los 1,290 días en Daniel 12 es identificar los dos eventos recalcados como la *"eliminación del sacrificio diario* y la *"abominación desoladora."*

Acabamos de ver qué Jesús cumplió La Ley como nuestro Cordero Pascual. Entonces, la cuenta regresiva de 1,290 días comienza allí. ¿Pero, qué evento se consideraba la abominación desoladora? Esta es una acusación seria qué requiere qué entendamos la historia de Israel comenzando con el Éxodo de Egipto.

En cuestión de días después del cruce milagroso del mar Rojo, los hijos de Israel habían hecho un becerro de oro para adorarlo en lugar de confiar en el Dios de Abraham, con quien Moisés se encontraba en el monte Sinaí.

Entonces, a través de su historia, se revelaría qué pecarían, se arrepentirían y clamarían al Señor por misericordia. Se someterían a la Ley de Dios por un tiempo, pero tarde qué temprano regresarían a la adoración de otros ídolos de otras naciones invocando la ira de Dios. Por este comportamiento, se les llego a conocer como un "pueblo de dura cerviz."

> *Porque yo conozco tu rebelión, y tu **dura cerviz**; he aquí qué aún viviendo yo con vosotros hoy, sois rebeldes a Jehová; ¿cuánto más después qué yo haya muerto?*
>
> *Deuteronomio 31:27*
>
> *No hagáis alarde de vuestro poder; No habléis con **cerviz erguida**.*
>
> *Salmos 75:5*

> *Pero ellos no oyeron, ni inclinaron su oído, sino qué **endurecieron su cerviz** para no oír, ni recibir corrección.*
>
> Jeremías 17:23

Dios le dijo a Salomón en la dedicación del Templo qué, si se rebelaban en Su contra, siguiendo ídolos, qué Él los desolaría. La palabra shamem[13] es la palabra Hebrea qué significa *desolar*, y quiere decir *asombro para los qué lo ven*.

> *Mas si obstinadamente os apartareis de mí vosotros y vuestros hijos, y no guardareis mis mandamientos y mis estatutos qué yo he puesto delante de vosotros, sino qué fuereis y sirviereis a dioses ajenos, y los adorareis;*
>
> *yo cortaré a Israel de sobre la faz de la tierra qué les he entregado; y esta casa qué he santificado a mi nombre, yo la echaré de delante de mí, e Israel será por proverbio y refrán a todos los pueblos;*
>
> *y esta casa, qué estaba en estima, cualquiera qué pase por ella se **asombrará**, y se burlará, y dirá: ¿Por qué ha hecho así Jehová a esta tierra y a esta casa?*
>
> *Y dirán: Por cuanto dejaron a Jehová su Dios, qué había sacado a sus padres de tierra de Egipto, y echaron mano a dioses ajenos, y los adoraron y los sirvieron; por eso ha traído Jehová sobre ellos todo este mal.*
>
> 1 Reyes 9:6-9

---

[13] Concordancia Strong's H8074

Recordará qué, en la profecía de Daniel, habían 1,290 días desde el fin de los sacrificios hasta la abominación desoladora.

> *Y desde el tiempo qué sea quitado el continuo sacrificio hasta la **abominación desoladora**, habrá **mil doscientos noventa días**.*
>
> Daniel 12:11

Conforme al recuento de Hechos 7, a Esteban lo mataron, justo cuando terminó de recitar el Salmo 102 y Levítico 26:41.

> *El cielo es mi trono, Y la tierra el estrado de mis pies. ¿Qué casa me edificaréis? dice el Señor; ¿O cuál es el lugar de mi reposo?*
>
> Hechos 7:49 y Salmos 102:25

¡Duros de cerviz, e incircuncisos de corazón y de oídos! Vosotros resistís siempre al Espíritu Santo; como vuestros padres, así también vosotros.

Hechos 7:51

Dios le prometió a Salomón qué Su juicio sería *asombroso*, lo cual es la palabra Hebrea *desolado* como ya lo vimos.

Nada sería más devastador qué el pueblo escogido de Dios fuera expulsado de esa posición estimada ante los ojos de Dios.

La acción final qué los expulsó de ese estado, fue el haber apedreado a Esteban. El mismo sacerdocio apóstata qué mató a Jesús, asesinó a Esteban tres años y medio después. Lo qué tenían en común la muerte de Esteban y la de Jesús, y qué completó la 70ª semana, fueron sus comentarios sobre el Templo. El sacerdocio lo había usado para enriquecerse y para controlar al pueblo.

Lo qué causó la abominación desoladora fue el total rechazo de Cristo por el sacerdocio de los Judíos.

Esto marcó el final del período de tiempo más crítico en la historia conocido como las 70 semanas de Daniel, y el Pacto de Israel con Dios en el Antiguo Testamento. Hoy en día, no existe ninguna diferencia entre Judío y Gentil ante los ojos de Dios.

> *Ya no hay judío ni griego; no hay esclavo ni libre; no hay varón ni mujer; porque todos vosotros sois uno en Cristo Jesús.*
>
> *Gálatas 3:28*

Dios le había dado tantas oportunidades a Su pueblo de arrepentirse, y sin embargo se reusaron a doblar sus rodillas ante Cristo. El tiempo de la misericordia de Dios sobre el sacerdocio corrupto y sus seguidores se había terminado, y ahora únicamente aquellos qué recordaron las palabras de Jesús escaparían del juicio qué vendría, qué era la destrucción completa de Jerusalén.

Yo pienso qué la destrucción de Jerusalén 36 años después, fue el resultado de esa acción. Sin embargo, en mi opinión, y según, Edward L. Broomfield[14], los 1,290 días o los últimos 3.5 años de la 70ª semana, terminaron en el Día de la Expiación en 34 d.C.

La muerte de Esteban fue la primera muerte qué se llevó a cabo en el nombre de Jesús, después de Su crucifixión. Había habido muchas persecuciones,

---

[14] *https://smoodock45.wordpress.com/2009/11/19/the-70-weeks-prophecy-and-the-1290-days/*

pero este fue el comienzo del terror, porque Saulo de Tarso guardaba las ropas de aquellos qué apedreaban a Esteban. Además, esto terminó el tiempo de protección qué Dios había provisto para los primeros creyentes.

Esto reitera mi creencia, y la de otros, de qué todas las fiestas fueron instituidas como señal para dirigirnos a la realidad de lo qué aconteció desde **antes de la fundación del mundo.**

De modo qué de la Ofrenda Mecida o la Ofrenda de las Primicias qué se ofreció en Nisán 18 el año 31 d.C. hasta el Día de Expiación, el 10 de septiembre, del año 34 d.C. transcurrieron 1,290 días.

AÑO	31 DC	32 DC	33 DC	34 DC	Total
MES					
1er	Primeros Frutos Nisan 18 Quedan 12 Días	30	30	30	
2º	29	29	29	29	
3er	30	30	30	30	
4º	29	29	29	29	
5º	30	30	30	30	
6º	29	29	29	29	
7º	30	30	30	Día de la expiación 10 día del Mes	
8º	29	29	29		
9º	30	30	30		
10º	29	29	29		
11º	30	30	30		
12º	29	29	29		
13º	30		29		
Totales	366 Días	354 Días	383 Días	187 Días	1290 Días

Fig. 6

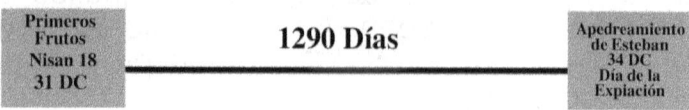

Fig. 7

Los Judíos celebraban el Día de la Expiación en el 10° día del séptimo mes en el año 34 d.C. Y este era el día más sagrado en su calendario.

Justo en este día cuando debían arrepentirse por sus transgresiones, estaban apedreando a un hombre lleno de fe y del Espíritu Santo.

La respuesta a Pedro de parte de Jesús describe proféticamente el período de tiempo qué Dios le dio a Israel para qué se arrepintiera.

> *Entonces se le acercó Pedro y le dijo: Señor, ¿cuántas veces perdonaré a mi hermano qué peque contra mí? ¿Hasta siete?*
> **Jesús le dijo: No te digo hasta siete, sino aún hasta setenta veces siete.**
>
> *Mateo 18:21-22*

Como dije anteriormente, la muerte de Esteban fue el cumplimiento de los 490 años, o de la profecía de las 70 semanas, y nada podía ser más adecuado qué terminar la profecía el Día de Expiación del año 34 d.C., el cual era considerado por los Judíos, como el más sagrado de todos los días.

Le fue revelado a Daniel qué todos los reinos de la tierra serían destruidos por la piedra qué no fue cortada con mano. (Daniel 2:44-45)

El último reino qué cayó fue el Imperio Romano, y como descubriremos en Apocalipsis, ese reino fue empoderado por la Bestia, el cual era el Sacerdocio Judío corrupto. Nunca se tornaron de sus malos caminos y se volvieron en lo qué el diccionario describe como apostatas.

La palabra *apóstata* originalmente proviene de la palabra griega qué quiere decir "esclavo fugitivo." El pueblo qué Dios había rescatado de la esclavitud, había regresado a su condición original de esclavos al rechazar la Ley de Dios.

De allí en adelante, toda la gente qué desee recibir el perdón por su autojustificación y su ascendencia asesina proveniente de Caín, deberá doblar su rodilla ante Jesús, El Cristo.

G. BIENAVENTURADOS LOS QUE LLEGUEN A 1335 DÍAS

Esta cifra es considerada como la de mayor bienaventuranza de entre las registradas en el libro de Daniel, pero ¿por qué?

Bienaventurado el qué espere, y llegue a **mil trescientos treinta y cinco días.**

Daniel 12:12

A estas alturas debe ser obvio qué la Biblia fue escrita sobre Cristo. Dios usó la Ley, especialmente las Fiestas registradas en Levítico 23 como una guía o una señal para qué el pueblo viera a Jesús como el Mesías de Dios.

El poder de lo profético es una de las características más extraordinarias de las escrituras antes, durante y después de Cristo. Esto es lo qué Jesús estaba diciendo en este versículo de Apocalipsis

> *Yo soy el Alfa y la Omega, principio y fin, dice el Señor, el qué es y qué era y qué ha de venir, el Todopoderoso.*
>
> *Apocalipsis 1:8*

El cumplimiento de los tiempos está contenido en este versículo. De hecho, la realidad de la frase *desde antes de la fundación del mundo* se concretiza en la realización del Cristo resucitado.

Jesús de Nazaret y Su obra fueron limitados por el tiempo, pero el Cristo resucitado no tiene tal límite y tiene toda autoridad tanto en el ámbito visible como en el invisible. En otras palabras, Jesús terminó su asignatura dentro del confín del tiempo, y así logró hacer coherederos con Su autoridad como el Cristo, a todos aquellos qué creen en Él.

Esto quiere decir qué debemos poner nuestros ojos en la autoridad espiritual qué Él conquistó cuando estuvo en este planeta, ya qué la mayoría de nuestros problemas son el resultado de lo qué creemos, y no de las circunstancias mismas qué estamos experimentando.

No estoy diciendo qué aquellos qué "conocen" al Cristo resucitado no experimentarán circunstancias difíciles. Pero, sí creo qué si nuestra fe está fundada en el Cristo resucitado, entonces el resultado será muy distinto al de aquellos cuya confianza está en el hombre. Es por eso por lo qué debemos ver a las escrituras desde una perspectiva completamente diferente.

Los símbolos en Daniel y en Apocalipsis describen claramente los eventos relacionados al cumplimiento de la declaración de Dios a satanás en el Génesis. Además, si usamos las herramientas tales como las Fiestas y el Calendario Intercalado para calcular los días mencionados en Daniel y en Apocalipsis, los resultados son asombrosos.

Si calculamos desde la fiesta de las Trompetas en el año 27 d.C., (qué fue el último Jubileo), y el día en qué Jesús leyó Isaías 61, hasta el Pentecostés en el año 31 d.C., nos dan 1,335 días. Los meses en la siguiente tabla representan el calendario Intercalado. Los Judíos adoptaron el calendario Babilónico qué sigue la luna en lugar del sol.

Agregaron un 13° mes tres veces cada 7 años y esto quiere decir qué algunos meses tenían 30 días y otros 29. En en el año 31 d.C. el Pentecostés se celebraba el 8° día del 3er mes y viene siendo 50 días después de Nisán 18, cuando Jesús se presentó como la Ofrenda de la Gavilla Mecida. Recuerde qué cada día se calculaba de anochecer a anochecer ó de 6pm a 6 pm.

Fig. 8

AÑO	27 DC	28 DC	29 DC	30 DC	31 DC	Total
MES						
1er		30	30	30	30	
2º		29	29	29	29	
3er		30	30	30	Pentecostés Quedan 8 Días	
4º		29	29	29		
5º		30	30	30		
6º		29	29	29		
7º Fiesta de las Trompetas	30	30	30	30		
8º	29	29	29	29		
9º	30	30	30	30		
10º	29	29	29	29		
11º	30	30	30	30		
12º	29	29	29	29		
13º		29				
Totales	177 Días	383 Días	354 Días	354 Días	67 Días	1335 Días

Fig. 9

El Pentecostés era un tipo de Jubileo después de la fiesta de Pascua o de las Primicias/Ofrenda Mecida. Jesús pasó 40 días con Sus discípulos después de Su resurrección, restableciendo Su reino y Su completa autoridad sobre el segundo cielo.

Este período de tiempo era necesario para satisfacer la palabra de Dios dicha *desde antes de la fundación del mundo.*

Además, debido a qué Jesús cumplió Su asignatura, Dios ahora podría enviar a Su Espíritu Santo para ejecutar cada palabra qué Jesús habló cuando estuvo en la tierra.

Al qué oye mis palabras, y no las guarda, yo no le juzgo; porque no he venido a juzgar al mundo, sino a salvar al mundo.

El qué me rechaza, y no recibe mis palabras, tiene quién le juzgue; la palabra qué he hablado, ella le juzgará en el día postrero.

Juan 12:47-48

La obra terminada de Cristo es el "último día" para aquellos qué creen Su palabra y Su obra. El mundo fue salvo a través de lo qué hizo Cristo, pero si el hombre se rehusa a creerle, entonces esa incredulidad le juzgará.

Si el hombre sigue sus propios caminos y creencias, entonces creará un mundo qué será juzgado a través de las palabras de Cristo.

El Día de Pentecostés introdujo el Reino de Dios y el Nuevo Pacto a todos los hombres. Ahora la tierra sería mantenida y operada a través del Espíritu Santo. Recuerde, Jesús nos dijo qué Su reino era invisible.

Preguntado por los fariseos, cuándo había de venir el reino de Dios, les respondió y dijo: El reino de Dios no vendrá con observancia,

ni dirán: Helo aquí, o helo allí; porque he aquí el reino de Dios está entre vosotros.

Lucas 17:20-21 Traducción literal

Entonces, sí usted está esperando una manifestación física qué refleje su concepto del Reino de Dios, entonces no ha entendido las palabras de Cristo. De manera qué, sí continúa buscando resultados espirituales sin cambiar su condición mental, quedará decepcionado. La verdad es revelada a través del Cristo resucitado. Pero si continuamos confiando en doctrinas y teologías, nuestras vidas jamás reflejarán la realidad de lo qué Cristo logró.

Nuestras mentes comenzarán a entender la verdad si usamos las escrituras para demostrar qué Dios cumplió Su palabra por medio de Cristo, independientemente de lo qué se vea en el ámbito físico.

¡Piense un momento en lo qué acaba de leer! Si el hombre continúa usando eventos físicos y circunstancias para justificar una destrucción catastrófica en el futuro, conforme a su interpretación de las escrituras, entonces NADA jamás cambiará.

Nuestra condición actual es el resultado de haber confiado en los razonamientos del hombre, construidas desde una mentalidad corrupta.

Si algo ha demostrado la historia, es qué el hombre es incapaz de salvarse a sí mismo.

Es por eso por lo qué debemos celebrar lo qué Jesús logró. De otra manera, usted será el profeta qué viene a auto-cumplir la tristeza y la tragedia qué usted mismo se profetizó sobre su propia vida.

La Bestia, La Ramera y Los Diez Cuernos

Hemos estado estableciendo la realidad de Cristo y Su obra terminada a través de cada sección de este libro. Hemos presentado un enfoque distinto para entender las escrituras al separar el significado de las palabras *mundo* y *tierra.*

Además, recordemos constantemente qué somos espíritus qué estuvimos con nuestro Padre Celestial *desde antes de la fundación del mundo,* fuera del tiempo y de las circunstancias. Es importante notar qué únicamente desde esta posición podremos manifestar la realidad de lo qué Cristo logró en Su Resurrección. Sin embargo, hay escrituras específicas en el libro de Apocalipsis qué han creado confusión debido a adoctrinamientos del pasado y falta de conocimiento en cuanto al ambiente histórico de ese tiempo.

Afortunadamente, existen documentos de Flavio Josefo, quién se ha demostrado qué fue un escriba creíble de esos tiempos. Sus escritos serán la fuente de muchas de las referencias históricas qué utilizaremos en el próximo capítulo.

El Espíritu Santo inspiró a hombres a escribir la Biblia. La Biblia es el testamento escrito entre Dios y el hombre sellado con la Sangre de Cristo Jesús. El verdadero poder del pacto es revelado a aquellos qué descubren a Cristo en cada palabra profética y símbolo de las escrituras.

Una inspección profunda de los libros proféticos del Antiguo Testamento revela gran parte del lenguaje qué Juan usa en Apocalipsis. El reto para nosotros es entender las horrendas condiciones qué existían en aquel tiempo. La mayoría de la información histórica se encuentra dentro de los libros llamados *"La Guerra de los Judíos"* escritos por Flavio Josefo

Se cree qué Juan fue a la Isla de Patmos poco tiempo después de qué Herodes Agripa mató a su hermano Santiago en el 43 d.C. Herodes (nieto de Herodes el Grande) gobernaba en Israel y perseguía a los cristianos. Para los Romanos, la vida no tenía valor, y el espíritu del anti-Cristo del sacerdocio Judío los hizo cómplices de las abominaciones.

El período de transición entre el Antiguo y el Nuevo Testamento fue profundo y atemorizante. Requería una reorganización completa del sistema.

Hay una analogía de esta transición en Ezequiel 3 y en Apocalipsis 10.

> *Y me dijo: Hijo de hombre, alimenta tu vientre, y llena tus entrañas de este rollo qué yo te doy. Y lo comí, y fue en mi boca dulce como miel.*

Luego me dijo: Hijo de hombre, ve y entra a la casa de Israel, y habla a ellos con mis palabras.

Ezequiel 3:3-4

Y fui al ángel, diciéndole qué me diese el librito. Y él me dijo: Toma, y cómelo; y te amargará el vientre, pero en tu boca será dulce como la miel.

Entonces tomé el librito de la mano del ángel, y lo comí; y era dulce en mi boca como la miel, pero cuando lo hube comido, amargó mi vientre.

Apocalipsis 10:9-10

Las palabras del Antiguo Pacto produjeron un sabor amargo en las entrañas de aquellos qué una vez comieron de la dulzura de la provisión de Dios. La protección y la bendición de Dios qué antes había sido ofrecida a aquellos qué estaban bajo la Ley, había terminado. El fin de lo Antiguo y el comienzo de lo Nuevo estaba ocurriendo tal como había sido profetizado cientos de años atrás.

Tenemos qué establecer de una vez y para siempre qué Dios cumplió la Ley con Jesús en el año 34 d.C., y qué el Antiguo Pacto se remplazó con el nuevo y mejor Pacto. Sin embargo, el período de transición fue tumultuoso, y las narraciones de historiadores, tales como Flavio Josefo nos ayudan a entender símbolos tales como las *7 cabezas, 10 cuernos, La Bestia y La Ramera* usados en Daniel y en Apocalipsis.

Tanto Daniel como Juan recibieron la misma visión en cuanto a los 10 reyes y los 10 cuernos. El último reino qué gobernó la tierra fue el Imperio Romano.

Sabemos qué en ese tiempo el sacerdocio de los Judíos estaba infiltrado por satanás dado a qué se oponían a Cristo.

Además, ese espíritu trabajaba en conjunto con los reyes Gentiles qué gobernaban a Jerusalén. La historia muestra qué hubo 10 reyes qué conquistaron esa ciudad.

Primeramente, veamos el significado de la palabra *bestia*, y como se aplica a algunas escrituras en Daniel y en Apocalipsis.

A. LA BESTIA

Ya definimos el término apóstata del Griego, qué significa *esclavo fugitivo*. El término *bestia* se usaba para describir esta condición apóstata del Judaísmo. Esto se describe como el espíritu del anti-Cristo, y sabemos qué la fuente de ese espíritu es satanás.

La Biblia dice qué la serpiente en el Jardín del Edén era más astuta qué todas las bestias del campo qué Dios había creado. (Génesis 3:1). La desobediencia de Adán lo conectó con la bestia junto con todos sus descendientes por vía de sangre. El pecado se pasó a todas las creaturas de la tierra y como resultado, se convirtió en un lugar violento para vivir.

De modo qué todos aquellos qué conscientemente rechazan a Cristo, siguen a la bestia, y serán marcados de la misma manera en la qué fue marcado Caín tras matar a Abel. Yo creo qué Juan en Apocalipsis 14:9, está describiendo a aquellos qué decidieron borrar sus nombres del Libro de la Vida. Jesús define a aquellos qué recibieron esa marca en Mateo.

¡Malditos sois vosotros, escribas y fariseos, hipócritas! porque recorréis mar y tierra para hacer un prosélito, y una vez hecho, le hacéis dos veces más hijo del infierno qué vosotros!

Mateo 23:15 Traducción de la Biblia Amplificada

El versículo en Mateo 23 describe la condición del sacerdocio en los días de Jesús, y era ese espíritu el qué operaba en conjunto con los sistemas políticos qué producían la imagen sobre la cual Juan escribió en Apocalipsis.

La mayoría de los Judíos qué salieron de Babilonia, seguían el Talmud en lugar del Torah y se establecieron en Siria y en el Mediterráneo, mezclándose con los pueblos paganos. Isaías habló sobre estas personas en el siguiente versículo.

Mas vosotros llegaos acá, hijos de la hechicera, generación del adúltero y de la fornicaria.

Isaías 57:3

Daniel describe a las 4 bestias o reinos qué gobernaron la tierra de los cuales el último fue Roma. Cuando Jesús vino a la tierra, el territorio de Israel ya estaba controlado por el espíritu del anti-Cristo, y este trabajaba mano a mano con el sistema político de ese tiempo. El sacerdocio entendía qué su poder, tanto físico como espiritual, dependía de qué ellos fueran una nación. Esto nos enseña por qué era tan importante qué el sacerdocio permaneciera conectado políticamente con las naciones qué los gobernaron a través de los siglos.

ANTES DE LA FUNDACIÓN DEL MUNDO

Por favor, recuerde qué yo no estoy atacando ni carne ni sangre ni a los Judíos. Jesús de Nazaret fue Judío y les fue enviado como su Mesías.

La serpiente (o dragón) controlaba los poderes espirituales y políticos de ese tiempo, en la forma de Herodes y del Sacerdocio corrupto. Nosotros qué creemos en la obra terminada de Cristo, ya no somos ni Judíos ni Griegos. De modo qué debemos mantener nuestro pie sobre el cuello del espíritu del anti-Cristo, y a exaltar al Cristo resucitado. ¡Amen!

La imagen de la bestia describe la condición espiritual de una persona o de la sociedad qué sabe lo qué es correcto, pero prefiere vivir sin ley. Sin embargo, cada espíritu demoníaco necesita una entidad física o cuerpo, para habitar y manifestarse. Esto describe a la *bestia* de la cual se escribió en Daniel y en Apocalipsis.

> *Dijo así:* **La cuarta bestia será un cuarto reino** *en la tierra, el cual será diferente de todos los otros reinos, y a toda la tierra devorará, trillará y despedazará.*
>
> *Y los* **diez cuernos significan qué de aquel reino se levantarán diez reyes**; *y tras ellos se levantará otro, el cual será diferente de los primeros, y a tres reyes derribará.*
>
> Daniel 7:23-24
>
> *Y los* **diez cuernos qué has visto, son diez reyes**, *qué aún no han recibido reino; pero por una hora recibirán autoridad como reyes juntamente con la bestia.*
>
> Apocalipsis 17:12
>
> *Me paré sobre la arena del mar, y vi subir del mar* **una bestia** *qué* **tenía siete cabezas y**

> ***diez cuernos***; *y en sus cuernos diez diademas; y sobre sus cabezas, un nombre blasfemo.*
>
> Apocalipsis 13:1
>
> *Y el ángel me dijo: ¿Por qué te asombras? Yo te diré* **el misterio de la mujer, y de la bestia** *qué la trae, la cual tiene las* **siete cabezas y los diez cuernos.**
>
> Apocalipsis 17:7

El espíritu del anti-Cristo forma todos los sistemas religiosos, pero la realidad de qué satanás había sido expulsado a la tierra, y qué le quedaba poco tiempo, causó qué se enfocara en el Sacerdocio Judío.

Vea lo qué Juan dice en Apocalipsis 12:

> *Por lo cual alegraos, cielos, y los qué moráis en ellos. ¡Ay, de los moradores de la tierra y del mar! porque el diablo ha descendido a vosotros con gran ira, sabiendo qué tiene poco tiempo.*
>
> Apocalipsis 12:12

La destrucción del pueblo de Dios fue el único objetivo de satanás, y sabía qué, sí podía corromper al sacerdocio, podría matar a Jesús. Dios nunca fue sorprendido por esto, ni tampoco Jesús. Todo esto sucedió *desde antes de la fundación del mundo,* pero se le ocultó a los ángeles, incluyendo a satanás.

A la luz de esta verdad, examinemos el símbolo de las siete cabezas qué Juan vio en la bestia.

B. LAS 7 CABEZAS

Hay diferentes interpretaciones en cuanto a estos temas de Apocalipsis. Pero mi enfoque, a diferencia de otros, parte del entendimiento qué Jesús terminó Su asignatura *desde antes de la fundación del mundo*. Este conocimiento me permite conectar la historia de ese tiempo con el Espíritu de Verdad.

Hemos definido a la bestia como un espíritu, qué controlaba al Sacerdocio Judío y trabajaba en conjunto con aquellos qué Dios llamaba Gentiles.

Jerusalén fue conquistado por un poder extranjero o Gentil, 7 veces en la historia. Yo pienso qué esta es la bestia de 7 cabezas qué Juan vio en Apocalipsis 13. También es importante identificar el cumplimiento de la visión de Juan, en relación con el número 7.

Si lee el Libro de Apocalipsis, notará qué hay 7 Sellos, 7 Trompetas y 7 Copas. El número siete representa finalización y perfección. Cada uno de estos eventos ocurrieron en "sietes," cumpliendo la promesa de Dios, comenzando en Génesis 3, qué aplastaría la cabeza de satanás.

Cada reino qué destruyó a Jerusalén bebió de la *copa de la abominación* de la cual se habla en Apocalipsis 17. De modo, qué todas las plagas, aflicciones y destrucción abarcan la historia de esa ciudad y de sus atrocidades hacia Dios.

1. La primera vez qué Jerusalén fue destruida, fue por Shishak, Rey de Egipto, quién fue el primero qué la tomó después de la muerte de Salomón.[15]

---

[15] Josefo: "Antigüedades de los Judíos," Libro VIII, Capitulo 10, Párrafo 3

2. La segunda vez fue por Nabucodonosor, Rey de Babilonia, quién saqueó y destruyó tanto la ciudad como el Templo. Tal vez esta sea a la qué se refiere Apocalipsis 13 como la herida de muerte.[16]

> *Vi una de sus cabezas como herida de muerte, pero su herida mortal fue sanada; y se maravilló toda la tierra en pos de la bestia,*
>
> *Apocalipsis 13:3*

Hemos identificado al espíritu del anti-Cristo como la bestia qué operaba en conjunto con el Sacerdocio Judío apóstata, cuyo único propósito era matar a Cristo, y perseguir a Su iglesia.

El Sacerdocio Judío, cuya corrupción comenzó en el reinado de Salomón, requería de un Templo para realizar su negocio, el cual estaba basado en los sacrificios. Nabucodonosor destruyó su Templo y llevó cautivo al sacerdocio. Esta acción neutralizó a la "bestia" porque satanás no contaba con un cuerpo con el cual se pudiera manifestar.

Luego se podría decir qué la "bestia" fue herida de muerte como dice en Apocalipsis 13. Sabemos qué satanás no fue destruido en ese tiempo, pero el espíritu de la "bestia" qué Juan describe, permaneció inactivo hasta qué el Templo se volvió a edificar.

El mayor objetivo de Dios era redimir al hombre y restaurar Su Reino, y satanás fue cayendo en las manos de Dios. Todo esto se decidió y se orquestó *desde antes de la fundación del mundo*. Este drama entero requiere de una percepción espiritual para entenderlo.

---

[16] Josefo: *"Antigüedades de los Judíos,"* Libro X, Capítulo 8, Párrafo 5

De modo qué todos adoraban a la bestia porque volvía a la vida en la forma del Sacerdocio Judío corrupto, qué parecía estar más interesado en servir a Mamón qué en prestar atención a los profetas de Dios.

El Sacerdocio Judío hizo del Templo un lugar de abominación. Los sacerdotes lo usaron como su lugar de negocios y de control sobre el pueblo. Cuando Jesús mencionó la destrucción del Templo, el espíritu del anti-Cristo, qué había sido neutralizado anteriormente por Nabucodonosor, fue provocado violentamente.

3. La tercera vez fue destruido por Ptolomeo I, el emperador griego qué dominó a Jerusalén a través del engaño, y tomó el Templo fingiendo qué quería hacer un sacrificio a Dios. Entró en paz, pero luego saqueó el Templo. Este rey es el qué Dios mencionó en Daniel 11 de acuerdo con Flavio Josefo en su libro *"Antigüedades de los Judíos."*[17]

> *Se levantará luego un rey valiente, el cual dominará con gran poder y hará su voluntad.*
>
> *Pero cuando se haya levantado, su reino será quebrantado y repartido hacia los cuatro vientos del cielo; no a sus descendientes, ni según el dominio con qué él dominó; porque su reino será arrancado, y será para otros fuera de ellos.*
>
> Daniel 11:3-4

4. El cuarto fue Antíoco IV Epífanes, descrito como el rey del Norte en Daniel 11:21-35. Este saqueó y profanó el Templo, según Flavio Josefo en "Antigüedades de los Judíos:"[18]

---

[17] Josefo: "Antigüedades de los Judíos," Libro XII, Capitulo 1, Párrafo 1

[18] Josefo:"Antigüedades de los Judíos," Libro XII, Capitulo 5, Párrafo 4

Y le sucederá en su lugar un hombre despreciable, al cual no darán la honra del reino; pero vendrá sin aviso y tomará el reino con halagos.

Las fuerzas enemigas serán barridas delante de él como con inundación de aguas; serán del todo destruidos, junto con el príncipe del pacto.

Y después del pacto con él, engañará y subirá, y saldrá vencedor con poca gente.

Estando la provincia en paz y en abundancia, entrará y hará lo qué no hicieron sus padres, ni los padres de sus padres; botín, despojos y riquezas repartirá a sus soldados, y contra las fortalezas formará sus designios; y esto por un tiempo.

Daniel 11:21-24

5. El quinto fue el emperador romano, Pompeyo, el Grande. Él se dio cuenta de la devoción de los Judíos hacia Dios y estableció el sacerdocio de acuerdo con Roma, removiendo sus tradiciones y dignidad y la vendió por un precio.[19]

6. Herodes el Grande fue el sexto qué derrocó a Jerusalén. Sin embargo, no permitió qué el Templo fuese saqueado.[20]

7. El General Tito de Roma, hijo del Emperador Vespasiano fue el séptimo y último Gentil qué destruyó a Jerusalén. Conquistó a Jerusalén y destruyó el Templo para siempre en el 10° día del mes de Av, en el año 70 d.C. No fue una coincidencia qué esto aconteció en la misma fecha

---

[19] *Josefo: "Antigüedades de los Judíos," LibroXIV, Capitulo4, Párrafo1al5*
[20] *Josefo:"Antigüedades de los Judíos," Libro XV, Capitulo4, Párrafo 1al5*

en que Nabucodonosor, Rey de Babilonia, lo hiciera durante su reinado.[21]

El versículo de Apocalipsis 17 cobra sentido si entendemos la influencia de la casa maligna de Herodes, y su linaje como Edomita. Hablaremos más adelante en este libro sobre esto, pero me gustaría qué recordara qué él fue el rey qué envió a los reyes magos a encontrar a Jesús para matarlo.

> **y son siete reyes. Cinco de ellos han caído; uno es, y el otro aún no ha venido; y cuando venga, es necesario qué dure breve tiempo.**
>
> Apocalipsis 17:10

Recordemos qué el 6° rey qué destruyó a la Ciudad Santa, Herodes el Grande, ya había muerto, cuando Jesús nació, pero su nieto, Herodes Agripa estaba vivo. Él fue el rey qué mató a Santiago y estaba operando con el Sumo Sacerdote para matar a los Cristianos.

Aunque era procónsul, Juan lo describe como rey porque su autoridad y territorio era el mismo qué su abuelo, Herodes el Grande.

De modo qué apareció como cuerno, porque reinó como procónsul y como rey. El qué había de venir y permanecería por corto tiempo fue Tito, ya qué él destruyó Jerusalén en el año 70 d.C.

C. LOS 10 CUERNOS

La "bestia" en Apocalipsis 13 tenía 7 cabezas y 10 cuernos. Hemos hablado de los 7 reinos qué

---

[21] Josefo: "Las Guerras de los Judíos," Libro VI, Capitulo 4, Párrafo 1 al 8; y capitulo x, párrafo 1.

conquistaron a Jerusalén. La última de las 7 cabezas fue Roma. Entre los años 26 d.C. y 70 d.C. 10 procuradores Romanos gobernaron a Jerusalén. Estos fueron los procónsules que creo que representan los diez cuernos. A los gobernadores de Judea y de Jerusalén, con la excepción de Herodes Agripa, se les llamaba procónsules y tenían todo el poder de Herodes, y tal vez aún más.

El procónsul tenía la autoridad de *imperium*. En otras palabras, eran autónomos en su autoridad y no tenían ninguna obligación de consultar a las autoridades superiores, ni siquiera al emperador, antes de tomar decisiones dentro de su mando provincial.

Los siguientes fueron los procónsules y los años en los cuales rigieron sobre Jerusalén:

1. Poncio Pilato — 26 – 36 d.C.
2. Marcelo — 36 – 38 d.C.
3. Marulo — 38 – 41 d.C.

(Hay un espacio de 3.5 años aquí, cuando Herodes Agripa I gobernó a Jerusalén como procónsul y como rey).

4. Cuspo Fado — 44 – 46 d.C.
5. Tiberio Alejandro — 46 – 48 d.C.
6. Ventidio Cumano — 48 – 52 d.C.
7. M. Antonio Felix — 52 – 59 d.C.
8. Porcio Festo — 59 – 61 d.C.
9. Albino — 61 – 65 d.C.
10. Gesio Floro — 65 – 70 d.C.

LA RAMERA

*Vino entonces uno de los siete ángeles qué tenían las siete copas, y habló conmigo diciéndome: Ven acá, y te mostraré la sentencia contra **la gran ramera**, la qué está sentada sobre muchas aguas;*

*con la cual han fornicado **los reyes de la tierra**, y los moradores de la tierra se han embriagado con el vino de su fornicación.*

*Y me llevó en el Espíritu al desierto; y vi a una **mujer sentada sobre una bestia** escarlata llena de nombres de blasfemia, qué tenía siete cabezas y diez cuernos.*

Y la mujer estaba vestida de púrpura y escarlata, y adornada de oro, de piedras preciosas y de perlas, y tenía en la mano un cáliz de oro lleno de abominaciones y de la inmundicia de su fornicación;

Apocalipsis 17:1-4

Permítame reiterar qué y a quién representa la "bestia." Como hemos dicho antes, es tanto satanás como el espíritu del anti-Cristo, quién encarnó al Sacerdocio Judío durante los tiempos de Cristo. Es por eso por lo qué las bestias de las 7 cabezas eran los reyes Gentiles qué unieron su poder político con la autoridad religiosa de la *bestia* para controlar la región.

Todos los reyes Gentiles qué se unieron a la bestia y bebieron la copa qué se ofreció a la Ramera, fueron destruidos, incluyendo el Imperio Romano.

el también beberá del vino de la ira de Dios, qué ha sido vaciado puro en el cáliz de su ira; y será atormentado con fuego y azufre delante de los santos ángeles y del Cordero;

Apocalipsis 14:10

Ahora nos enfocaremos en la ramera qué estaba adornada con los mismos colores y las piedras qué al principio se usaron para construir el primer Tabernáculo en el desierto. (Éxodo 25:9, 1 Crónicas 29:1-3).

Además, estas piedras se usaron para hacer las túnicas y el efod de Aarón y de sus hijos qué usaron como Sumo Sacerdotes. En el Siglo 1°, el Sumo Sacerdote era la suma autoridad entre los Judíos, y como dijimos, requerían una posición geográfica y política. Esto se lograba al operar en la ciudad de Jerusalén a través del Templo.

Y la mujer qué has visto es la gran ciudad qué reina sobre los reyes de la tierra.

Apocalipsis 17:18

Hay por lo menos 10 referencias a la "gran ciudad" en el Libro de Apocalipsis. El primero, y más importante se encuentra en Apocalipsis 11:8.[22] Quise regresar a esto, debido a su importancia.

Recordará qué Jesús estaba profetizando en contra de Jerusalén por haber matado a los profetas e hizo las siguientes declaraciones.

...para qué venga sobre vosotros toda la sangre justa qué se ha derramado sobre la tierra, desde la sangre de Abel el justo hasta la sangre de Zacarías hijo de Berequías, a quién matasteis entre el templo y el altar.

---

[22] *Las otras referencias se encuentran en los siguientes pasajes: Apocalipsis 14:8, 16:19, 17:18, 18:10, 16, 18-19, 21*

> *De cierto os digo qué todo esto vendrá sobre esta generación. ¡Jerusalén, Jerusalén, qué matas a los profetas, y apedreas a los qué te son enviados! ¡Cuántas veces quise juntar a tus hijos, como la gallina junta sus polluelos debajo de las alas, y no quisiste! He aquí vuestra casa os es dejada desierta.*
>
> Mateo 23:35-38

Obviamente, no existía una ciudad llamada Jerusalén cuando Caín mató a Abel, pero el espíritu de homicidio se encontraba en ese lugar debido al derramamiento de sangre.

Este espíritu homicida se llama satanás, quién es el espíritu de Jerusalén y el de la ramera descrita en este pasaje.

> *Y la gran ciudad fue dividida en tres partes, y las ciudades de las naciones cayeron; y la gran Babilonia vino en memoria delante de Dios, para darle el cáliz del vino del ardor de su ira.*
>
> Apocalipsis 16:19

Nótese qué Jesús proclamó qué su casa (el Templo) quedaría desierta. Es claro qué la ramera, "Misterio, Babilonia la Grande, la Madre de las Rameras y de las Abominaciones de la Tierra" era Jerusalén. La ciudad también se describe como Sodoma y Egipto.

> *sus cadáveres estarán en la plaza de la grande ciudad qué en **sentido espiritual se llama Sodoma y Egipto**, donde también nuestro Señor fue crucificado.*
>
> Apocalipsis 11:8

Juan describió el juicio de Jerusalén qué ocurrió en el año 70 d.C. Además, existe evidencia qué sugiere qué Juan escribió Apocalipsis entre los años 43 al 45 d.C. Esto es debido a qué Herodes Agripa, mató a Santiago, el hermano de Juan, y se cree qué muchos de los apóstoles se fueron de Jerusalén durante su reinado.

Yo creo qué es falso creer qué "*Apocalipsis*" se escribió en el año 90 d.C. o después. El Obispo Clemente de Alejandría, quién vivió a finales del año 2 d.C., escribe qué todo el Nuevo Testamento se escribió entre los reinados de Tiberio y Nerón.[23] Ellos fueron los emperadores Romanos qué gobernaron entre el 37 y 68 d.C.

Es importante entender qué Apocalipsis es el libro qué revela al Cristo resucitado como Rey y Juez. Esa imagen debe provocar fe dentro de cada creyente en lugar de temor.

De modo qué yo creo junto con muchos otros qué el libro de Apocalipsis debe ser el primer libro del Nuevo Testamento. Esto debe equipar a cada persona con el conocimiento de la palabra profética hablada *desde antes de la fundación del mundo.* Además, le ayudaría a cada creyente a entender su papel como herederos en Cristo y como reyes y sacerdotes.

Como nota adicional, yo creo qué los caminos de Pablo y de Juan se cruzaron después de qué Juan regresó de Patmos, y poco después de qué Pablo escribió su segunda carta a los Corintios. En ella, Pablo describe la experiencia de Juan de haber sido arrebatado al tercer cielo, de lo cual se escribe en Apocalipsis 4.

---

[23] http://www.preteristarchive.com/Study/Archive/c/clement-of-alexandria.html

> *Conozco a un hombre en Cristo, qué hace catorce años (si en el cuerpo, no lo sé; si fuera del cuerpo, no lo sé; Dios lo sabe) fue arrebatado hasta el tercer cielo.*
>
> 1 Corintios 12:2

Obviamente, esto es simplemente una opinión, pero Pablo dice: "qué no se gloriaría de sí mismo", y esto me hace creer qué él hablaba de alguien más. De otra manera se vería como si se estaba exaltando a sí mismo.

Hay escritos qué apoyan la creencia de qué Pablo escribió la segunda carta a los Corintios entre el 50 y el 56 d.C.[24] Yo creo qué Pablo describió más de las experiencias de Juan en otras cartas a esa Iglesia, pero por alguna razón u otra, no fueron incluidas en nuestra Biblia moderna.

Sin embargo, el Espíritu Santo es más qué capaz de proveernos a todos con pruebas más qué suficientes de la obra terminada de Cristo *desde antes de la fundación del mundo.*

---

[24] http://christianity.about.com/od/newtestamentbooks/a/2-Corinthians.htm

Herodes Agripa Y Edom

En este capítulo hablaremos sobre los Edomitas, qué estaban en poder durante el nacimiento de Jesús y después de Su resurrección. Su línea de sangre e influencia desempeñaron un papel significativo en sellar el destino de satanás.

En el capítulo anterior, identificamos a los 10 cuernos como los 10 reyes del Imperio Romano, a los cuales se les llamaba *procónsul* o *prefecto*. Estos hombres reinaron sobre las provincias de Judea y de Samaria entre el 26 y el 70 d.C. Sin embargo, hay un período de 42 meses entre Maurilio y Cuspio Fado, donde se encuentra el reinado de Herodes Agripa el Grande.

Claudio Cesar, emperador de Roma, hizo a Herodes Agripa, rey sobre las tierras de su abuelo Herodes el Grande. Agripa reinó sobre la mayoría de Palestina como rey 7 años, pero reinó sobre Jerusalén únicamente 3.5 años (41-44 D.C.)

Esto hace más fácil de entender el versículo en Apocalipsis 17:10.

> *y son siete reyes. Cinco de ellos han caído; uno es, y el otro aún no ha venido; y cuando venga, es necesario qué dure breve tiempo.*
>
> Apocalipsis 17:10

El Rey Herodes Agripa fue el nieto de Herodes el Grande, quién fue el rey qué ordenó qué se mataran a todos los niños menores de 2 años en Belén.

Este decreto por el Rey Herodes el Grande fue el intento de satanás de vengarse por la muerte del hijo de Faraón en Egipto a través del Ángel de la Muerte (Éxodo 12:29-30). Este mismo espíritu ordenó la matanza de los bebés en Egipto cuando nació Moisés.

¿Ahora comienza a ver la analogía de llamar a Jerusalén, **Egipto**?

> *sus cadáveres estarán en la plaza de la grande ciudad qué en **sentido espiritual se llama Sodoma y Egipto**, donde también nuestro Señor fue crucificado.*
>
> Apocalipsis 11:8

¿Pero qué, de Sodoma, de donde viene eso? Estos versículos en Ezequiel, refiriéndose a Jerusalén, parecen contestar esa pregunta.

> *¡Vivo yo, qué tu hermana Sodoma y sus hijas no han hecho como hiciste tú con tus hijas!, dice el SEÑOR Dios. He aquí, esta fue la iniquidad de tu hermana Sodoma: Orgullo, abundancia de pan y despreocupada tranquilidad tuvieron ella y sus hijas. Pero ella no dio la mano al pobre y al necesitado. Ellas se enaltecieron e hicieron abominación delante de mí; de modo qué cuando las vi, las eliminé.*

> ...antes qué fuera descubierta tu propia maldad. Ahora tú has llegado a ser como ella, **una vergüenza** para las hijas de **Edom** y todos los qué la rodean, y para las hijas de los filisteos, quienes por todos lados te desprecian. Cargarás con tu infamia y con tus abominaciones, dice el SEÑOR.
>
> Ezequiel 16:48-50 y 16:57-58 RVA

No cabe duda qué Ezequiel estaba describiendo el futuro de Jerusalén cientos de años antes de qué Juan lo registrara en Apocalipsis. Más adelante en ese mismo capítulo, Ezequiel profetiza qué Dios se acordará de Su Pacto con aquellos qué siguieron Sus Leyes desde su "juventud." Yo creo qué esos son los qué Juan ve preguntándole a Dios, "¿Hasta cuándo, oh, soberano Señor, santo y verdadero, no juzgas y vengas nuestra sangre sobre los qué moran en la tierra?" en Apocalipsis 6.

Como hemos dicho una y otra vez, la mayoría de los Judíos del tiempo de Jesús no eran de la descendencia de Abraham. Hubo demasiadas mezclas de sangre después del cautiverio Babilónico.

Jesús los reprendió una y otra vez diciéndoles qué su linaje era de su "padre" el diablo (Juan 8:44).

La línea de sangre de los Edomitas representaba el control satánico qué operaba en ese tiempo. Vemos en Hechos 12:21-23 la muerte prematura de Herodes Agripa I, mientras la gente lo adoraba. Un Ángel del Señor lo mató, porque no le dio la gloria a Dios, y fue consumido por gusanos.

Antes De La Fundación Del Mundo

De hecho, fue afligido por la misma enfermedad qué mató a su abuelo, Herodes el Grande.[25]

La influencia de Herodes el Grande continuó a través de su nieto, Herodes Agripa I, del invierno del año 41 d.C. hasta finales del verano del año 44 d.C. Herodes y todos sus descendientes eran Edomitas del linaje de Esaú, quienes eran enemigos de Israel. Los profetas bíblicos Amós, Abdías y David describen el juicio de Dios en contra de ellos.

Según el libro de Jaser, uno de los libros Apócrifos, la conexión de Edom con Babilonia comenzó con el deseo de Esaú de obtener "los atuendos valiosos de Nimrod."

> *Y cuando Esaú vio a los hombres poderosos de Nimrod viniendo a la distancia, él huyó, y así escapó, y Esaú tomó los atuendos valiosos de Nimrod, cuales el padre de Nimrod había legado a Nimrod, y con los cuales Nimrod había prevalecido en toda la tierra, y él corrió y lo escondió en su casa.*
>
> *Jaser 27:10*

Nimrod fue el rey y el arquitecto de Babilonia. Fue un dictador y se le conocía como un hombre sangriento. Su sed por el poder y derramamiento de sangre restableció el espíritu del anti-Cristo qué venía del linaje de Caín, el cual fue el fruto del pecado de Adán.

Según el libro de Jaser, Esaú tomó los atuendos de Nimrod, qué le dieron el poder de prevalecer en toda la tierra. Básicamente, Esaú tomó el manto del espíritu del anti-Cristo y se lo pasó a todos sus descendientes.

---

[25] *Hechos 12:21-23; compare Josefo, "Antigüedades de los Judíos," Libro IXX, capítulo 8, párrafo 2*

A continuación, vemos un artículo sobre "Esaú/Edom" de la Enciclopedia Judía (edición 1925).

"(En 163 a.C.) Judas Macabeo conquistó su territorio (Edom) por un tiempo. De nuevo fueron derrotados por Juan Hircano (aproximadamente 125 a.C.), quienes los forzaron a observar los ritos y leyes Judías. Entonces fueron incorporados con la nación Judía, y los Griegos y los os le llamaban "Idumea" a su nación. Con Antípater comenzó la dinastía Idumea qué reinó sobre Judea hasta la conquista de los Romanos".[26]

Los Edomitas ni eran Israelitas ni eran Judíos. Jamás han sido el pueblo de Dios.

Como está escrito: A Jacob amé, mas a Esaú aborrecí.

Romanos 9:13

"Entonces, cien años antes de Cristo, Judea fue habitada por los Edomitas e Israelitas nativos qué eran seguidores del Judaísmo Talmúdico, causando una brecha entre Jacob y Esaú. Pero los Edomitas demostraron ser un elemento discorde y en el año 37 a.C., Herodes el Grande, un Idumeo y Edomita, cuya esposa, Marianme, era Macabea (Judía), se convirtió en gobernadora de Judea. Los Fariseos ganaron ascendencia sobre los Saduceos, y había tantos Edomitas en la población en el tiempo de Cristo, qué una tierra entera se llamaba Idumea".[27]

---

[26] http://www.biblebelievers.org/au/bb980916.htm

[27] https://edomsthom.wordpress.com/2013/01/28/edom-the-story-of-jacob-and-esau-is-not-just-a-stor/

La región de los Idumeos estaba localizada entre Jerusalén y el mar Muerto. Los Idumeos eran aliados de los Saduceos durante las guerras de los Judíos. Profanaron el Templo y fueron responsables por la matanza de los Judíos en toda la ciudad. Sus manos estaban tan manchadas de sangre como las de los Romanos en el tiempo de la destrucción de Jerusalén en el año 70 d.C.

Fig. 10

A Jacob se le cambió el nombre a Israel para extender el pacto de Dios con Abraham, y para preservar la línea de sangre qué cumpliría la profecía dada a la serpiente en el jardín sobre Aquel Quien le aplastaría la cabeza. Pero no se equivoque, el pueblo qué Jesús enfrentó en Jerusalén, y aquellos qué resisten a Cristo son descendientes de Esaú, no de Israel.

Los Edomitas usaron el manto de Nimrod y perpetuaron el sistema de Babilonia, cuyo objetivo siempre ha sido de exaltar al hombre por encima de Dios.

Jesús destruyó ese sistema a través de Su Sacrificio y estableció Su Reino qué reina y gobierna hoy. Una de las maneras qué podemos identificar Su Reino hoy, es conocer lo qué Jesús conocía *desde antes de la fundación del mundo.*

Su Reino ni es amenazado ni es influenciado por Babilonia. La realidad del Reino en nuestra vida es visible a través del verdadero renacimiento del agua y del Espíritu, del cual habló Jesús en Juan 3. Esta es la verdad espiritual manifestada fuera del tiempo *desde antes de la fundación del mundo.*

El Cuerno Con Ojos Y Boca

Mientras yo contemplaba los cuernos, he aquí qué otro cuerno pequeño salía entre ellos, y delante de él fueron arrancados tres cuernos de los primeros; y he aquí qué este cuerno tenía ojos como de hombre, y una boca qué hablaba grandes cosas.

Daniel 7:8

Tal vez una de las partes más extrañas de las profecías qué les fueron reveladas a Daniel y a Juan se relaciona con la descripción de este cuerno con ojos y boca. Las dos dicen qué el cuerno tenía más autoridad qué los otros y qué tenía la habilidad de hacer guerra en contra del pueblo escogido de Dios.

Hemos descrito el control Edomita y el odio hacia los Judíos de ese tiempo. Cuando observamos el Sacerdocio en el tiempo de Jesús más de cerca, específicamente a Anás, se aclarará el misterio detrás del lenguaje usado por Juan.

La descripción de la bestia en Apocalipsis 13 es el método qué usa Juan para ilustrar el papel de Herodes Agripa I, como gobernante de Jerusalén y como una de las cabezas de la bestia de 7 cabezas.[28]

> *También se le dio boca qué hablaba grandes cosas y blasfemias; y se le dio autoridad para actuar cuarenta y dos meses.*
>
> *Y abrió su boca en blasfemias contra Dios, para blasfemar de su nombre, de su tabernáculo, y de los qué moran en el cielo.*
>
> *Y se le permitió hacer guerra contra los santos, y vencerlos. También se le dio autoridad sobre toda tribu, pueblo, lengua y nación.*
>
> *Y la adoraron todos los moradores de la tierra cuyos nombres no estaban escritos en el libro de la vida del Cordero qué fue inmolado* **desde el principio del mundo.**
>
> Apocalipsis 13:5-8

Herodes Agripa I, en conjunto con el sacerdocio, cuya jefatura consistía de Anás y Caifás, ordenaron la decapitación de Santiago, el hermano de Juan.

Fue en ese período de tiempo qué Herodes Agripa I, aterrorizaba a los creyentes en Cristo en Jerusalén, y yo creo qué esto contribuyó a qué Juan fuera enviado preso a Patmos. En mi opinión, la iglesia primitiva estaba familiarizada con los horrores qué la mayoría del sacerdocio Judío llevaba a cabo y la tiranía Romana.

---

[28] Josefo: "Antigüedades de los Judíos;" Libro XV, capitulo 1, párrafo 1 y 2; "Guerra de los Judíos;" Libro I, Capitulo 18, párrafo 1 al 3.

Yo creo qué el *cuerno pequeño* era Herodes Agripa I, y qué los ojos y la boca qué hablaban blasfemias en contra de Dios eran su falso profeta, Anás, uno de los dos Sumos-sacerdotes[29] en aquel tiempo. Anás era quien tenía el poder y era además, el suegro de Caifás, el otro sumo sacerdote, quién fue responsable por la crucifixión de Jesús. Él es el qué se describe en Apocalipsis 13, como el Cordero qué hablaba como dragón. Recibió su poder de satanás o de *la bestia*, cuya cabeza era Herodes Agripa I.

> *asimismo acerca de los diez cuernos qué tenía en su cabeza, y del otro qué le había salido, delante del cual habían caído tres; y este mismo cuerno tenía ojos, y boca qué hablaba grandes cosas, y parecía más grande qué sus compañeros.*
>
> *Y veía yo qué este cuerno hacía guerra contra los santos, y los vencía,*
>
> Daniel 7:20-21

Anás, es el Falso Profeta (Apocalipsis 13:11-18; 16:13; 19:20; 20:10) y el Hombre de Pecado (2 Tesalonicenses 2:3), a quién se refiere el Nuevo Testamento. Anás fue removido del puesto de Sumo Sacerdote por Roma, pero según la ley Judía, un Sumo Sacerdote es como un Juez en la Corte Suprema qué permanece hasta su muerte.

Se vengó, crucificando a Jesús y también persiguiendo a los Judíos qué creían en Su mensaje por toda Judea y en el Imperio Romano.

Su locura duró un período de tiempo de tres años y medio en conjunto con el apoyo y la jefatura de

---

[29] *siendo sumo sacerdotes Anás y Caifas, fué palabra de Dios a Juan, el hijo de Zacarías, en el desierto. Lucas 3:2*

Herodes Agripa I. La historia y las escrituras describen a los Apóstoles huyendo de Jerusalén y probablemente hasta de Palestina por lo menos en el tiempo qué gobernó Agripa.[30]

Es interesante notar qué José y Maria tuvieron qué huir de Belén con Jesús cuando el abuelo de Herodes era rey. El odio de los Edomitas fue el motor qué Dios usó para asegurar qué Su plan de sacrificar a Su Hijo y así redimir al hombre, se cumpliera.

Hay algunos qué leen el Libro de Apocalipsis, el cual se traduce correctamente como la "Revelación de Jesucristo," y determinan qué se trata de una tribulación a nivel planetario y de la segunda venida de Jesús durante sus vidas.

Es mi oración qué el Espíritu Santo le abra su corazón a la realidad de lo qué Jesús terminó, *desde antes de la fundación del mundo*, y esto se vuelva un nuevo comienzo para qué usted busque por sí mismo al Cristo resucitado.

Es mi opinión, como la de otros muchos, qué los eventos descritos en las cartas de Pablo, y en las revelaciones de Juan, están directamente relacionadas con el 1er siglo d.C., y describen los horrendos juicios de Jerusalén y del espíritu del anti-Cristo.

De modo, qué le recomiendo qué lea el libro escrito por mi esposa, *"El Fin de una Era,"* para qué reciba aún mayor entendimiento de ese tiempo y de la historia, al buscar la Verdad.

Mi oración es qué el Espíritu Santo despierte su espíritu a su condición, *desde antes de la fundación*

---

[30] *https://smoodock45.wordpress.com/2011/07/24/the-mouth-of-the-beast/*

del mundo, cuando usted presenció al Cristo resucitado cumplir su asignatura.

Le quiero recordar esto, nuestro mundo se construye de ideas, pensamientos y creencias. El mundo por el cual Jesús murió y recibió Su sacrificio, fue el mundo qué se originó antes de Adán. Esta fue la dimensión de consciencia qué era, antes de la contaminación y de la corrupción por el pecado.

El poder qué tenemos de escoger es una espada de dos filos, qué abre nuestros ojos a nuestra condición en lo natural, o a Su obra terminada en el Espíritu. Jesús es esa obra terminada; y usted ya lo sabía, *desde antes de la fundación del mundo*. La buena noticia es qué Jesús tomó nuestra forma como el Último Adán, para redimir nuestra línea de sangre y restaurar nuestra forma de ver. La verdad de lo qué Jesús cumplió requiere de la eternidad para comprenderla. Estos libros son únicamente herramientas en su búsqueda.

y nos has hecho para nuestro Dios reyes y sacerdotes, y reinaremos sobre la tierra.

Apocalipsis 5:10

III. RESUMEN

Las obras terminadas de Dios son recalcadas tanto en Daniel como en Apocalipsis. Daniel prepara el terreno para el acto final entre Dios y satanás. El cual fue tanto el mejor y el peor de los tiempos aquí en el planeta tierra. Fue el mejor porque satanás fue derrotado y expulsado del cielo. Fue el peor de los tiempos porque la transición entre el Antiguo y el Nuevo Testamento requirió el martirio de los discípulos de Dios y de la muerte de cientos de miles de Judíos.

La descripción de ese tiempo tumultuoso se ilustra en Apocalipsis, y se menciona en 2 Pedro 3:10. El fin del reino de satanás en los cielos y la destrucción de sus obras en la tierra se describe en 1 de Juan 3:8.

Entonces, dos de los libros más importantes qué confirman la proclamación qué Dios le hizo a satanás en Genesis, son Daniel y Apocalipsis. Si hacemos de esto, una pieza fundamental al leer las escrituras, la Biblia será mucho más fácil de entender. A continuación, están unos puntos destacados de las escrituras y de este libro, qué le servirán como una herramienta en sus estudios en el futuro.

Recuerde, esta no es otra teología o doctrina.

• Daniel describe a los 4 reinos qué gobernaron la tierra, en la forma de una estatua. (Daniel 2:32-47) Esta estatua es el corazón y el alma tanto de Daniel como de Apocalipsis, ya qué tiene qué ver con los varios reyes y reinos qué operaron desde Babilonia hasta Roma.

Comenzando en Daniel Capítulo 7, Dios comienza a revelar Su plan maestro qué ultimadamente llevará a Cristo y a establecer el reino de Dios en la tierra una vez más.

El Capítulo 8 de Daniel revela las varias batallas del reino entre el Rey de Grecia, Darío el Medo, Alejandro el Grande y Antíoco Epífanes, qué juegan el papel de la bestia de 7 cabezas qué Juan vio en Apocalipsis.

El Capítulo 9 de Daniel establece la línea de tiempo física qué le dio a Israel la oportunidad de arrepentirse y de aceptar al Mesías qué vendría. Esto se describe en las 70 semanas, de las cuales se habla en Daniel 9:24-27.

Yo creo qué en Daniel 10:6, Jesús le habla a Daniel, porque lo mismo le sucede a la gente qué rodea a Daniel, qué le sucedió a Pablo en el camino a Damasco.

Los Capítulos 11 y 12 de Daniel explican en detalle los reyes qué se levantan, y las varias guerras qué culminan en la captura y la destrucción de Jerusalén hasta su última destrucción por Tito en el año 70 d.C.

> *Pero tú, Daniel, cierra las palabras y sella el libro hasta el tiempo del fin. Muchos correrán de aquí para allá, y la ciencia se aumentará.*
>
> *Daniel 12:4*

Este es el libro qué Dios tiene en Su mano en Apocalipsis. Jesús es el único qué lo puede abrir. Todos los horrores descritos en el libro de Apocalipsis describen las guerras qué se hicieron en contra de las varias naciones Judías.[31]

El Libro de Apocalipsis se enfoca en el juicio final para gobernar la tierra en conjunto con el sacerdocio corrupto de Israel. La 7ª cabeza de la bestia y los 10 cuernos representan esta imagen.

---

[31] *Después de la captura de Babilonia, los Judíos emigraron a varias partes de Asia central y Europa, formando lo que ellos llamaron las Naciones Judías, o Reinos. Estos son los que se reunieron en el día de Pentecostés y escucharon que sus idiomas se hablaban. Habían ido a Jerusalén para la celebración de las fiestas Judías.*

La bestia es el espíritu del anti-Cristo y opera a través del sacerdocio corrupto de Israel en conjunto con el rey Edomita, Herodes Agripa I. Ese espíritu sigue vivo hoy en la tierra y se ve en todas las religiones y en las personas qué se resisten a Cristo.

Es mi creencia, y está apoyada por Edward Broomfield, qué el sacerdocio de Anás y Caifás constituyen el falso profeta en la visión de Juan.

Poder le fue dado para qué hiciera guerra contra los santos (según Apocalipsis 13:7 y Daniel 7:21, 25; 8:24-25). Anás fue poseído por satanás para destruir a los santos de Dios. Condujo el apedreamiento de Esteban.

Instigó las muertes de Santiago el apóstol y la muerte de Santiago, el hermano del Señor.

Las cartas de Santiago, Pedro, Juan y Judas tienen algo en común, y es qué alertan a la iglesia en contra de falsos maestros (anticristos) qué dividían el rebaño. Estos son los 42 meses mencionados en Apocalipsis 13:5, y el tiempo, tiempos y medio tiempo (3.5 años) mencionados en Daniel 7:25.

Anás fue asesinado con espada al comienzo de la guerra con Roma por mano de uno de los rebeldes.[32]

Si alguno lleva en cautividad, va en cautividad; si alguno mata a espada, a espada debe ser muerto. Aquí está la paciencia y la fe de los santos.

Apocalipsis 13:10

---

[32] *Flavio Josefo: Guerras de los Judíos 2.17.1-10.*

Muy seguido nos olvidamos de qué nuestra vida como seres físicos sobre la tierra opera de manera lineal. En otras palabras, tenemos un comienzo y un fin como seres humanos. Sin embargo, nuestra verdadera naturaleza es espiritual y eterna, y no está limitada por el tiempo, ni por nuestros sentidos físicos. La Biblia se escribe en el ámbito físico y usa el tiempo para confirmar la realidad espiritual de la frecuencia profética liberada en esta dimensión.

Fue necesario qué Dios enviara a Gabriel para conectar la frecuencia celestial de la Palabra de Dios al ámbito físico para qué se profetizase una vez más lo qué Él le habló a satanás en el Jardín.

Su Palabra se cumplió *desde antes de la fundación del mundo* y aseguró qué todo lo qué fue, qué es y qué ha de venir fuera terminado.

Conclusión

¿No crees qué yo soy en el Padre, y el Padre en mí? Las palabras qué yo os hablo, no las hablo por mi propia cuenta, sino qué el Padre qué mora en mí, él hace las obras.

Juan 14:10

La Biblia es el testimonio de la victoria de Cristo al reconciliar a la preciada creación de Dios, el *Hombre*, de regreso a Su Padre.

Para cumplir esa encomienda, Jesús tenía qué depender completamente del Padre. En otras palabras, Dios era Jesús y Jesús era Dios, y no había ninguna diferencia entre ellos. Jesús de Nazaret fue el vaso qué Dios necesitaba, para destruir las obras de satanás, porque Adán había hecho un pacto con satanás al confiar en el por encima de Dios. De modo qué, El Último Adán, Jesús, necesitaba morir físicamente para destruir ese pacto con el diablo, pero Su resurrección le aseguró a todos aquellos qué creyeran en Él, la victoria sobre las voces del temor, la duda y la incredulidad.

Si Jesús de Nazaret sometió Su vaso a Dios, para qué Dios trabajara a través de Él, y así destruir las obras de satanás, — ¿cuánto más grandes deberían de ser nuestras obras, ahora qué satanás ha sido echado fuera del lugar de su poder?

> *De cierto, de cierto os digo: El qué en mí cree, las obras qué yo hago, él las hará también; y aún mayores hará, porque yo voy al Padre.*
>
> *Juan 14:12*

Las obras mayores comienzan primeramente al entender la absoluta victoria sobre satanás y su reino. Las obras de satanás son las mismas hoy, como lo fueron en el tiempo de Jesús. Operan conforme a la **incredulidad**. He aquí donde se encuentra el problema con la incredulidad, qué enseña qué satanás destruirá la tierra, para qué Jesús venga a salvar a Jerusalén.

Si nos reusamos a creer qué Dios destruyó el control de satanás sobre la incredulidad, entonces hacemos de Dios un mentiroso, e invocamos al diablo vencido, sobre nuestra vida.

Es por eso por lo qué es muy importante qué usted estudie las escrituras desde una posición de victoria, y no desde una teología qué crea temor, como el creer en una futura destrucción de la tierra.

Debemos concluir qué Jesús no dejó nada sin terminar qué requiera qué Él regrese a terminar aquello sobre lo cual nos dio la autoridad para qué hiciéramos nosotros. La pregunta qué nos debemos preguntar no es "¿cuándo va a regresar?" –sino, "¿Cuál es mi responsabilidad ahora qué conozco la verdad?"

Permítame sugerirle un par de cosas qué tal vez quiera considerar para contestar mi última pregunta. Si usted recuerda, fue el sacerdocio lo qué controlaba satanás.

satanás conoce el poder de Dios, pero también entiende la debilidad del hombre, qué es confiar en sus sentidos para obtener soluciones.

Independientemente de lo qué sea su creencia en cuanto a la ubicación de satanás hoy en día, debe de quedar completamente claro qué usted tiene autoridad sobre él. Ya qué hemos establecido esto, ahora usted deberá tomar una decisión en cuanto a su responsabilidad como rey y sacerdote en la tierra.

Jesús fue perfectamente claro cuando dijo qué nos convenía qué Él se fuera para enviar al Espíritu Santo. Sabemos esto, pero ¿Qué entendemos de Su poder ilimitado de cambiar nuestra consciencia?

La ciencia ha medido el tiempo promedio en qué los seres humanos están conscientes de lo qué están pensando, y es aproximadamente 10 segundos por minuto. Al menos qué podamos observar conscientemente la presencia de Dios más de 10 segundos cada minuto, no seremos capaces de manifestar el poder ilimitado a través de la fe.

Dios nos ha dado un sacerdocio qué no puede ser corrompido, y qué está equipado para ofrecer ayuda a todos aquellos qué están dispuestos a pagar el precio. Este sacerdocio se llama el Sacerdocio de Melquisedec. Jesús dijo algo muy interesante:

> *Abraham vuestro padre se gozó de qué había de ver mi día; y lo vio, y se gozó.*
>
> **Juan 8:56**

La herramienta más poderosa para cambiar nuestra condición mental y nuestra conciencia es someternos al Sacerdocio de Melquisedec. Mi próximo libro en esta serie se tratará de ese orden y del poder qué hará en la sociedad.

Confío en qué este libro y todos los libros en el futuro le provoquen a pedirle al Espíritu Santo qué sea su guía. Así como los discípulos primitivos de Berea, pídale al Espíritu Santo qué sea su maestro.

Recuerde qué Jesús dijo qué Dios no nos daría una piedra si le pedimos pan. Confié en Él para su pan diario, y vea cómo cambiará su vida.

Hasta la próxima, paz y gracia sean multiplicados a usted y a los suyos.

FIN

Para más estudio, recomendamos este libro

por Dra. Ana Méndez Ferrell

El Fin De Una Era

Desenterrando La Historia

Desenterrando la historia que redefinira su comprensión sobre el "Fin del Mundo" y la profecía bíblica. Este libro cambiará tu vida!

www.vozdelaluz.com

Participa en nuestro cursos en vivo y en

On Demand

www.vozdelaluz.com

Si este libro te gustó, te recomendamos también

El Último Adán

El Gran Engaño

Sumergidos En Él

Ayuno Cuántico

www.vozdelaluz.com

Veanos en **Frecuencias de Gloria TV** y **YouTube**
Síguenos en **Facebook** y **Instagram**

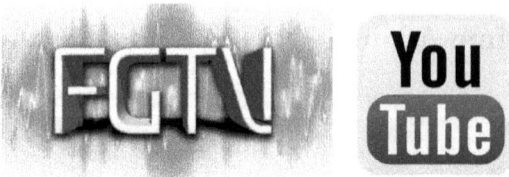

www.frecuenciasdegloriatv.com
www.youtube.com/user/vozdelaluz

www.facebook.com/AnaMendezFerrellPaginaOficial
www.instagram.com/emerson.ferrell

Contactenos en:

Voz De La Luz
P.O. Box 3418
Ponte Vedra, FL. 32004
USA
904-834-2447

contacto@vozdelaluz.com

www.vozdelaluz.com

www.ingramcontent.com/pod-product-compliance
Lightning Source LLC
Chambersburg PA
CBHW071714090426
42738CB00009B/1772